王学群 著

中国語の
"V着"に
関する研究

白帝社

刊行にあたって

高橋弥守彦

　中国語のアスペクトのひとつ —— 動態助詞 "着" に対する研究はかなり進んでいる。その成果もかなりある。年代別に見ると、動態助詞 "着" の記述で代表的な辞典類としては《现代汉语八百词》(吕叔湘主编 商务印书馆)、《现代汉语虚词例释》(北京大学中文系 1955 1957 级语言班编 北京大学出版社)、《现代汉语常用虚词词典》(曲阜师范大学编写组编著 浙江教育出版社)、《现代汉语虚词词典》(侯学超编 北京大学出版社)、《现代汉语虚词词典》(张斌主编 商务印书馆)などが挙げられる。専門書としては《汉语的时相 时制时态》(龚千炎著 商务印书馆)、《现代汉语时体系统研究》(戴耀晶著 浙江教育出版社)、『中国語の動相』(朱継征 白帝社) などが挙げられる。論文としては〈论现代汉语时间系统的三元结构〉(陈平《中国语文》总第 207 期)、〈汉语里 "在" 与 "着(著)"〉(徐丹《中国语文》总第 231 期)、〈再论助词 "着" 的用法及其来源〉(孙朝奋《中国语文》总第 257 期)、〈"着(zhe)" 字补义〉(陆俭明《中国语文》总第 272 期)、「 "着" の文法的意味」(村松惠子 『中国語学』235 中国語学会)、「 "一边V₁，一边 V₂" と "V₁着V₂" の関係について」(三宅登之『現代中国語文法研究論集』大東文化大学語学教育研究所)、「 "V₁着 V₂" と "一边V₁一边 V₂" の関係について」(張岩紅『日中言語対照研究論集』第 8 号 日中対照言語学会)、「動態助詞 "~着" の用法について」(高橋弥守彦『大東文化大学紀要』第 45 号 大東文化大学)などが挙げられる。

i

これらの研究成果は主として動態助詞"着"の機能と各用法の研究である。上記に挙げる研究成果は、その研究の流れの中で《現代汉语八百词》が"着"の機能および「動詞／形容詞＋"着"」と連語と文の種類の中に用いられる言語事実の分類を明確にし、研究の転換をむかえる。これより前は呂叔湘、王力、王松茂、輿水優、藤堂明保、讃井唯允ら、同時期には杉村博文、木村英樹、荒川清秀が中国語のアスペクトとは何かと、名称と内容の問題とを主として取り上げている。"着(zhe)"は当然その中でも取り上げられている。

　アスペクト研究の初期段階にあってはアスペクトを意味の面から考え、アスペクトの中に時間副詞、動態助詞、趨向動詞などが含まれている。名称も中国語では"态""相""体""动态""时态""时相""情貌""动相"、日本語では「相」「態」「時相」「時態」「動態」など多数ある。時間との関係ではアスペクトが運動の一局面を表すので、運動全体の内部時間も表せると考えられる。アスペクトがテンスと関係する時間を表すか、運動の一局面を表すかは現在にいたるまで論争が続けられている。

　中国語のアスペクト研究は現在まで約 60 年の歴史があるが、この間に多くの論文が発表され、研究が続けられている。現在でもまだアスペクト研究は盛んに行われ終わりそうにもない。しかし、『テンスとアスペクトⅠ・Ⅱ・Ⅲ』(于康・張勤編 好文出版社)や『日本語と中国語のアスペクト』(日中対照言語学会 白帝社)を見ると、中国語のアスペクトは動詞や形容詞の形の一つと考えられるようになってきたような傾向がある。この中には、もちろん"着(zhe)"も含まれている。

　現段階の一応の成果として、動態助詞"着(zhe)"はテンスを表すのではなく、アスペクトとして、運動の一局面を表すと考えられている。アスペクトは運動義のある動詞や形容詞の後に用いる動詞や形容詞の形の一つであり、機能として継続を表し、出来事との関係で持続、結果、関係を表すと言われ

ている。中国語の名称としては"体"を多く使い、日本語では「動態」を多く使う傾向にある。

王学群氏はアスペクト研究の流れの中にあって、一貫して"着(zhe)"と"了(le)"についての研究を続けられている。その研究成果はきわめて緻密である。若いころは奥田靖雄の連語論・モダリテイ・アスペクト研究などの影響を強く受け、日本語の研究者としてつとに名を馳せていた。博士号を取得してからは日本語研究の上に、日中対照研究と中国語研究に力を入れ、日本語研究と対照研究のメッカと言われ、世界から研究者が集まる言語学研究会の代表的な観点「例文の中に規則がある」「言語理論をたてるのではなく、体系の中で自然言語を整理する」という奥田靖雄氏の影響のもとに先行研究と多くの例文の分析をすることによる中国語研究を進めている。

王学群氏は、中国語学界で"着(zhe)"が《現代汉语八百词》の影響の下に「持続」と「進行」を表すという観点が広く認められていたころ、いちはやく「継続」を表すという根本的な観点を発表し、その後、"着(zhe)"を用いる動詞の分類など、言語事実からなぜそうなのかという新しい観点を続けざまに発表している。この本はそういう王学群氏の中国語学界をリードする考えが反映されている。王学群氏の観点は言語事実に基づいたものであり、充分な理由付けがある。本書は一読をお勧めしたい専門書の一つである。

2007 年 5 月 6 日

目 次

刊行にあたって ……………………………………………… i

凡 例 ……………………………………………………… 3

第 1 章 "Ｖ着"の意味用法の概説 ……………………… 4

第 2 章 "Ｖ着"の基本的な意味と動詞の類 ……………… 7

第 3 章 "Ｖ着"と思考・心理活動動詞 ………………… 30

第 4 章 地の文における"Ｖ着"のふるまい …………… 44

第 5 章 会話文における"Ｖ着"と"在（…）Ｖ"のふるまい… 69

第 6 章 付帯状況を表す"Ｖ着" ………………………… 95

第 7 章 "把…Ｖ着"の構造について …………………… 113

第 8 章 限定語としての"Ｖ着" ………………………… 140

第 9 章 "Ｖ着"のかたちの命令文 ……………………… 159

1

第 10 章 "有着" について ………………………………… 179

第 11 章 存在文における "V 着" と "V 了" ……………… 202

第 12 章 "V 着" 再考 …………………………………… 219

索引 ……………………………………………………… 244

あとがき ………………………………………………… 251

英文目次 ………………………………………………… 252

凡例

1. 「Ｖ」は動詞を示す。
2. 例文の前にある「＊」は非文を示す。
3. 例文の前にある「？」は当文が成立しにくいという意味を表す。
4. 中国語の引用と概念などは" "で示す。
5. 日本語の引用と概念などは「 」で示す。
6. 引用文における記号の表示は原文のままである。
7. 例文の後ろにその出所である作品名だけを示す。
8. 例文の後ろにその出所が書いてなければ著者によるものである。
9. 例文と要旨の部分は楷書体で、論を展開する説明部分は明朝体で示す。
10. 各章のサブテーマはゴシックで示す。
11. 各例文のポイントのところは必要に応じて太字又は下線、波線で示す。
12. 「注」は各章の「おわりに」のあとにある。
13. 「参考文献」は、各章を書いたときの状況をご理解いただくため、雑誌に掲載された時と同じように、各章の後ろに提示する。
14. 各章の最後の「付記」にそれぞれの章の出所を示す。

第1章
"V着"の意味用法の概説

　本章では"V着"の意味用法を概説的に述べることを目的とする。

　周知のように、大まかに"V着"の意味用法を分けてみれば、一つは、文の述語に用いられる継続(＝動作の継続・結果の持続・単純状態の存続)を表す場合であり、一つは、副次的な動作、付随的な状態、方式などを表す場合であり、一つは、命令用法の場合である。しかし、もっと詳しくその意味用法を分けてみれば、以下のようになろう。

1. 継続

　この用法は"V着"の基本的な用法であるが、主に文の述語に用いられ、動作の継続・(状態の維持・)結果の持続・単純状態の存続を表す。

　　(1)　地不停地劈着劈柴。(動作の継続)
　　(2)　小李肩上扛着一袋面粉。(状態の維持)
　　(3)　墙上挂着一张年画儿。(結果の持続)
　　(4)　山顶上屹立着一棵青松。(単純状態の存続)

2. 命令

　命令文に"V着"が用いられ、ある状態(動作)を保持させるという意味を

表す。

    (5) 你听着，别动！

    (6) 你先进屋里歇着！

3. 付帯状況

後置される「V」に寄りかかって、その働きを実現させ、「V」の付帯的な状況を修飾語として表すという特徴があるので、付帯状況と名付けたのである。たとえば、

    (7) 他笑着对我说："明天我一定去。"

    (8) 她只是歪着头看着我，就是不说话。

4. 方式

付帯状況からさらに派生していくと、方式や手段や方法などを表すようになる。たとえば、

    (9) 鸭子还是煮着吃好吃。

    (10) 今天我们是走着来的。

5. 前項と後項に手段と目的の関係がある場合

この場合、"V着"で持続的な側面を保ちながら、"V着"の部分とそのあとの部分の間とには手段と目的との関係がある。たとえば、

    (11) 忙着准备出发。(《现代汉语八百词》p595)

    (12) 藏着不肯出来。(《现代汉语八百词》p595)

中国語の"V着"に関する研究

6. 動詞₁の進行中に動詞₂の動作が現れる場合

この場合、"V着V着"という重複する形で「～しているうちに」という意味を表し、動作の継続の変種と見ていいだろう。

(13) 想着想着笑了起来。(《现代汉语八百词》p595)

(14) 说着说着不觉到了门口了。(《现代汉语八百词》p595)

7. 前項部分と後項部分に行為と結果の関係がある場合

この場合、"V着"では、ある行為を表し、そのあとの部分ではその行為の場合の結果(どうなるか)を表す。

(15) 看着不顺眼。

(16) 这东西拿着太重。

継続という用法は、"V着"の基本的な用法であり、また、実例から見れば、付帯状況と方式・手段・方法という用法も多く用いられ、さらに第2節の用法も相対的に多く見られるが、その他の用法は相対的に少ない。本書に収録した論文は、主として第1節から第4節までのものである。その他の節については、今後の研究課題としたい。

第2章
"V着"の基本的な意味と動詞の類
─ 動作動詞と変化動詞を中心に ─

内容提要

　　本章试论了现代汉语的动作动词和变化动词的类别、语义特征对非完整体"V着"的体义影响。认为影响"V着"体义的不是"着"本身,而是动作动词和变化动词的类别、语义特征以及句子结构和语境。

キーワード：継続　結果　変化　動詞の類　カテゴリカルな意味

目次

1. はじめに
　1.1 本章で使用する"V着"
　1.2 研究の対象と目的
2. アスペクトとは
3. "V着"のアスペクトの意味
　3.1 "V着"と動詞の類
　　3.1.1 先行研究
　　3.1.2 動作動詞と"V着"
　　3.1.3 変化動詞と"V着"
4. おわりに

中国語の“V着”に関する研究

1. はじめに
1.1 本章で使用する“V着”

　周知のように、通時的な観点から見れば、“着”は、以前は具体的な語彙的意味を持っていたが、現在は具体的な語彙的意味を失っていて、アスペクトを表す動詞の一形態に変身している[1]。

　本章では、そういうことを考慮に入れ、“着”を動詞の一語尾と認める。つまり、“着”は、基本的に形態論レベルにおけるアスペクトの一形態であり、“V着”によるいくつかのアスペクトの意味は、“着”によって決められるものではなく、動詞の語彙的意味（動詞に内在するカテゴリカルな意味）に深く関わるものだということである。

1.2 研究の対象と目的

　“V着”の“着”は「zhe」と「zhao」の二通りの発音がある。ここでは、「zhe」と発音する場合を対象とする。

　“V着”は基本的に、「墙上挂着一张画儿。」「站着！」「他昨天是拿着伞来的。」のように、アスペクトの意味を表す“V着”、モーダルな意味を含んだ混合型の“V着”、付帯状況として使用される“V着”に分けられる。本章では、さらにアスペクトの意味を表す、文の述語に使用される“V着”に絞ることにする。

　ところで、今までの“V着”についての研究は、“着”にだけ注目しているものが圧倒的であり、動詞の継続相（非完整体）という立場からの“V着”についての研究は、非常に少なかったように思われる。“着”にだけ注目して分析しようという研究傾向が目立っている中で、“着”の研究でありながら動詞について触れた研究もある（詳しいことは後述する）。しかし、“着”のために動詞についてある程度分析・考察するだけであって、結果的に“着”をいくつかの用法に分けるためのものになってしまう。

　それで、本章では、“着”をすでにフォーム化した動詞の一形態と見なして、“V着”の中の「V」に焦点を当てて、「V」の語彙的な意味、つ

"V着"の基本的な意味と動詞の類

まり、動詞の語彙的な意味の一般化としてのカテゴリカルな意味[2]がどのように"V着"に影響を与えるかを中心に考察を行う。

2. アスペクトとは

テンスは話し手の「はなす」のモメントを基準にして「はなす」のモメントより以前か以後か同時かを表すのに対して、アスペクトは、動作（変化・状態）の内的な時間構造の相違を表す[3]。それを具体的な例で図に示すと次の通りである。

(1) 警部補は、石川県地図を、もちだして広げた。(ゼロの焦点)
(2) "你们闹什么？哈哈，连王爷也剪了辫子了！"（末代皇帝）
(3) 次の日の夜、孫十郎は「卯の花」で飲んだ。(霜の朝)
(4) 他昨天又喝了。
(5) 女中は白い布で朱塗りの卓を丹念に拭いている。(霧の旗)
(6) 溥仪的双拳像雨点似地敲打着门。（末代皇帝）

（図1）

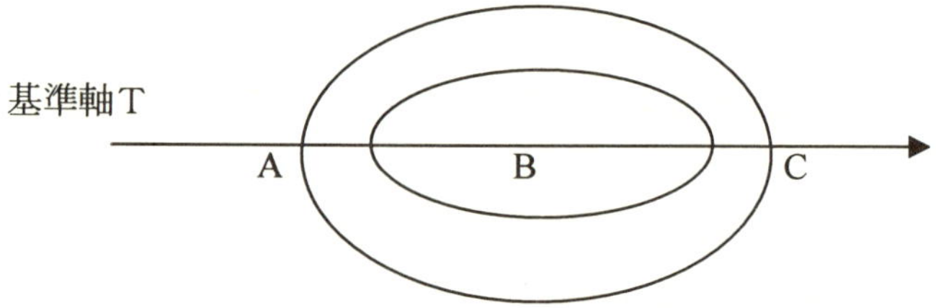

基準軸T

A　　　B　　　C

例(1)～(6)と図1で示したように、＜はじめA＞から＜なかB＞を経て＜おわりC＞に至るまで分割しないでひとまとまりのものとして動作・変化をとらえる場合もあるし(例1～4)、またひとまとまり性を捨てて中だけを観察して動作・変化をとらえる場合もある(例 5・6)。このように、観察者のとらえ方によって実現したアスペクトの意味も異なってくるの

9

中国語の"Ｖ着"に関する研究

である。日本語研究においては、前者は＜完成相＞と名付けられ、後者は＜継続相＞と名付けられている[4]。それに対して、中国語研究においては、前者は＜完整体＞と名付けられ、後者は＜非完整体＞と名付けられている[5]。本章では、このような考え方に従って考察を進めていきたいと考えている。

3. "Ｖ着"のアスペクトの意味

前節で述べたように、文の述語に使われる"Ｖ着"は、日本語の継続相「Ｖている」に相当する（〈中〉非完整体）。つまり、"Ｖ着"は、はじめの局面も、おわりの局面も、ひとまとまりの動作・変化も表さず、時間的に限界をつけないで中だけを観察して継続性を表すということである。従って、"Ｖ着"のアスペクトの意味は、基本的に継続性を表すのである[6]。例えば、次の例(7)(8)(9)は、そうである。

(7)　锣声、马蹄声中，一队荷枪持刀的清兵**押着**两辆马车走过来，马车上**绑着**押赴刑场的犯人。行人围观张望。（末代皇帝）

(8)　小不点儿在水龙头前刷牙，小猫跑来，他一边刷牙一边**躲着**猫。（小不点儿）

(9)　陈小丽自豪地坐下，小不点儿羡慕地**看着**她。（小不点儿）

例(7)では、最初の太字の"押着"は継続中の動作であり、二番目の太字の"绑着"は動作が継続中ではなく結果が継続中であることを表している。また、例(8)(9)は、動作が継続中であることを表している。こうしてみると、"Ｖ着"は、少なくとも継続性を表すということがまず認められる。また、動詞の種類（動詞の語彙的な意味）によって動作の継続、結果の継続などにさらに分けられる。例(7)(8)(9)から分かるように、たとえば、"绑着"の場合には、前後の文脈によって動作の継続も結果の継続も表すことができる。しかし、例(9)の"看着"の場合、アスペクトの意

10

味として動作の継続しか表さない。なぜこのような現象があるのか、また、このような現象が動詞のアスペクト標識の"着"によるものなのか、それとも動詞に内在する語彙的な意味によるものなのか、これは、研究の方法論にも関わる問題であろうが、真正面から答えなければならないだろう。

3.1 "V着"と動詞の類

動詞は一般的に動作（行為）・変化などを表す。しかし、文法的に動詞の特徴を述べようとしてもなかなか完全に述べきれない。というのは、動詞の種類によって特徴も異なるし、また動詞と形容詞が共通する文法的な特徴も持っているからである。特に動詞と形容詞のはっきりした境界線がないのもこの問題を難しくさせていると思う。このような現状を踏まえて一般的に認められている範囲内でこの研究を進めて行きたい。勿論まず動詞をきちんと定義してから研究を進めたほうが何よりであるが、それはまだまだ先のことで、今のところはそういう段階ではない。

従って、現段階では日本の言語学研究会の研究成果を参考に [7]中国語動詞の特徴を考えて大まかに動作動詞、変化動詞、思考・心理活動動詞、属性動詞にわける。動作動詞は"切、割、炒"のような主体（人間）の動作を表すものを指す。変化動詞は"断、塌、裂"のような主体（人間・もの）の変化を表すものを指す。思考・心理活動動詞は"想、思考、希望"のような主体の思考・心理活動を表すものを指す。属性動詞は存在を表すもの("有、在、存在")、関係を表すもの("是、属于、等于")、能願動詞等を指す。また、動作動詞・変化動詞を外的な運動動詞と呼び、思考・心理活動動詞を内的な運動動詞と呼ぶことにする [8]。本章では主に外的な運動動詞に絞って進めていく。

3.1.1 先行研究

先ほど述べたように、"着"に注目している研究は多いが、動詞に注目

している研究は全くないわけではない。次は中国と日本の雑誌で発表された動詞にも注目した"着"についての研究成果を紹介する。

ⅰ．平山久雄(1959)は、「北京語の"着"とその接尾する動詞について」(『中国語学88』)で"着"をとることのできる動詞をA類・B類・C類という三つに分けている。A類は、「その動詞の表わす動作の継続進行だけが示されるもの」で、B類は、「その動詞の表わす動作の結果として生ずる状態だけが示されるもの」で、C類は、「動作の継続進行、状態の持続のどちらも示されるもの」である。またこの論文では、A類の動詞として、"谈、刮、脱、解、洗"、B類の動詞として、"留、落、长、裂、破"、C類の動詞として、"贴、挂、穿、系、切、摆、涂、下"をそれぞれあげている。この論文では、動詞を三つに分類して"着"を見ようとしている。

ⅱ．荒川清秀(1985)は、「"着"と動詞の類」(『中国語306』)で"着"のつく動詞に着目して"着"と動詞との結合度から"着"について考察している。この論文では、結合度によって動詞を下記のようにa類からe類まで五つに分類している。そして、"着"の本質は「持続」そのものであり、"着"と自然に結び付くのは動きの静かな、ある一定状態を保つような動詞であると結論している。この論文では、動詞の類に注目して"着"の研究を深めた点を評価すべきだろう。

a. 站、坐、躺、蹲、趴、／挂₂、摆₂、开₂、放₂

b. 穿₂、拿₂、戴₂、提₂、端₂、背₂、带₂

c. 歇、待、跟、守、活

d. 等、听、看 (kān)、盯、睡 (觉)、躲、陪、养 (病)、(想)

e. 干、穿、挂

ⅲ．费春元(1992)は「说"着"」という論文で木村英樹(1983)の"着"のつく動詞が（V₁－付着）と（V₂＋付着）との二種類であるという観点を修正して、動詞を動態動詞（跳、走、看、穿₁、放₁、带₁）と静態動詞（穿₂、带₂、放₂）のように二分類した。この論文では、形に拘らない

で同じ形態の動詞を二つに分けている。

　以上あげた論文以外に、"着"の研究でありながら動詞にまで研究範囲を広げて考察を行った論文もあるが、紙面の都合で省略することにする。

3.1.2 動作動詞と "V着"

　先ほど述べたように、動作動詞は主に人間という主体の具体的な動作を表すものである。この種類の動詞を、具体的な語彙的な意味によってさらに下位分類できる[9]。

　ⅰ．動作動詞の中には主体の動作を表すだけではなく客体にも働きかけて変化を与えるグループがある。このような動詞を主体動作・客体変化動詞と呼ぶことにする。例えば、开、关、切、捽／安、放、挂、吊／剪、摘、剥、采／搬、移、卸、抛／买、借、领、献のようなものである。

　この中で、"开、关、切、捽"は、客体に模様替えをもたらすグループであり、"安、放、挂、吊"はどこかの位置に客体を取り付けるという位置変化を表すグループであり、"剪、摘、剥、采"はどこから客体を取り外すというのを表すグループであり、"搬、移、卸、抛"はある場所から別の場所への移し替えを表すグループであり、"买、借、领、献"は領有関係の変化を表すグループである。まずそれらの動詞についてグループ別に考察してみよう。

　ａ．"开"グループは、私が集めた用例からみればアスペクトの意味として動作の継続しか表さない。

（10）张得功和一个小太监汗水淋淋地锯着门槛。（末代皇帝）

（11）胖炊事员"哼"了一声，把菜放到菜墩上胡乱地切着："快锅！"（末代皇帝）

13

中国語の"Ｖ着"に関する研究

　この二例では、「鋸で敷居をひいている」「野菜を切っている」というような動作が進行中であることを表している。

　ｂ．"安"グループは、"开"グループと違って動作の継続も結果の継続も可能である。

　　(12) 有一个造反派的头头，在光天化日之下，腰里插着手枪，肩上
　　　　 挂着红宝书，由生产队长陪同，到李顺大家来了。(李顺大造屋)
　　(13) 南窗下的长条几上，陈设着帽筒、花瓶之类的东西。中间一张
　　　　 八仙桌上摆着书籍、文具。(末代皇帝)
　　(14) "老爷子！皇后正等着伺候老爷呢！"小翠一边说着，一边在
　　　　 床上铺着龙被："刚才皇后还念叨呢，～。"(末代皇帝)
　　(15) 工人们认真地安装着电话，李科长不停地问着。

　例(12)(13)では、それぞれ「～に～がかけてある」「～に～が並べてある」という意味で、動作の結果の継続を表しており、例(14)(15)は、それぞれ「～をしながら～を敷いている」「真面目に電話を取り付けている」という意味で、動作の継続を表している。

　ｃ．"剪"グループ、"搬"グループ、"买"グループは、"开"グループと同じく動作の継続しか表さない。

　　(16) 街旁，剃头师傅一面给顾客剪着辫子，一面在看着街上的热闹
　　　　 景象。(末代皇帝)
　　(17) 姑娘们以飞快的速度摘着棉桃儿。(動)
　　(18) 工人们在寒风中搬运着货物。(動)
　　(19) 张景惠等战犯一个个搬着椅子。(末代皇帝)
　　(20) 有一个１０来岁的小孩儿站在马路的对面不停地卖着冰激凌。

"V着"の基本的な意味と動詞の類

（21）韩金锁抱着筐，向战犯发着碗筷："开饭了，开饭了。"（末代皇帝）

例(16)〜(21)では、いずれも動作の継続を表すもので、この用法では一般的に結果の継続にはならない。

ところで、"安"という動詞グループの場合は、何故二つのアスペクトの意味を実現しているのかというと、それは、どこかの位置に客体を取り付けるという「取り付ける」の意味特徴がこれらの動詞の中にカテゴリカルな意味として内在しているからである。従って、一定の文構造に縛られると"V着"によって「取り付けられている」という意味が言い表されるようになるのである。具体的に言えば、「場所名詞＋"V着"＋もの名詞」が典型的である。この場合、話し手(または書き手)は、動作が行われたかどうかへの関心はない。関心をもつのは、目に映したその場面における具体的な事実である。ある意味では、アスペクトの手続きという助けによって存在の意味を実現させていると言っても過言ではない。つまり、"V着"で"有"、"在"と同じように、存在の意味を実現しているのである。ただ"有"、"在"文の場合に比べれば、「存在の様態〈仕方〉」がより一層明確化している。

また、採集した用例の中に、"安"という動詞グループによる動作の継続を表す用例が少なかった。この事実は、この動詞グループが、"V着"という形で主に結果の継続に使用されることを示しただろう。

なお、"买、借、领、献"のような領有関係を表すグループの場合、"V着"という形態で使用されるのは、採集した用例から見ればあまり多くない。

ⅱ．また、主に主体の動作を表す動詞グループもある。このような動詞を主体動作動詞と呼ぶことにする。たとえば、摇、转动、搅拌、滚／摸、触、弹、抱／吃、喝、抽、饮／调查、测量、研究、找／说、看、骂、

笑、听、唱／走、跑、爬／锻炼、玩、跳、游泳、演奏／下（雨）、降（雪）、刮（风）、打（雷）のようなものである。

　この中で、"摇、转动、搅拌、滚"は、客体に動きを与えるグループであり、"摸、触、弹、抱"は、客体に接触するグループであり、"吃、喝、抽、饮"は、飲食の動作を表すグループであり、"调查、测量、研究、找"は、調査・研究・管理活動を表すグループであり、"说、看、骂、笑、听、唱"は、言語・視覚・聴覚などを表すグループであり、"走、跑、爬"は、人間の移動の様相を表すグループであり、"锻炼、玩、跳、游(泳)、演奏"は、体育・娯楽・文芸を表すグループであり、"下(雨)、降(雪)、刮(风)、打(雷)"は、ものの非意志的な現象的動作を表すグループである。

　　a."摇"グループは、動作の特徴と言えば客体に働きかけるが模様替え等のような変化をもたらさない。ただ動きを与える。これらの動詞は、"V着"という形態で動作の継続しか表さない。

　　(22) 婉容那只宛如白玉的手变了，变得又枯，又脏，还留着长长的指甲。但它还是在儿歌声中，有节奏地摇着摇篮。（末代皇帝）
　　(23) 老李笑望众人，起劲儿挥着蒲扇。（应该怎么办）

　　b."摸"グループは、客体に接触するものである。"V着"の形態で動作の継続を主に表すが、"搂、攥、抓、咬、含、推、压"のような動きの少ない動詞の場合、結果の継続を表す用法に近づいていく場合が少なくない。

　　(24) 李顺和那两列护军相互打着对方的嘴。（末代皇帝）
　　(25) 妈妈走了。爸爸回过头来用手刮着小不点儿的鼻子："都是你！"（小不点儿）
　　(26) 溥仪起身，懒洋洋地走到百宝格前，毫无目的地摆弄着架上的

娃娃、泥人等玩具。（末代皇帝）

(27) 爸爸惊喜地望着儿子。妈妈蹲下来搂着儿子拼命吻。爸爸紧紧
地抱着他们俩。（小不点儿）

(28) 小姑娘没吱声，用牙咬着筷子。（卖瓜不说瓜甜）

例(24)(25)(26)は、動作の継続であり、例(27)(28)は、それぞれ「抱く」
「噛む」という動作が実行されてからの「抱いている」「噛んでいる」と
いう静止状態を表しているので結果の継続を表す用法に近づいている。
しかし、この場合、一般的に主体よりの外的な力によってその状態を維
持する必要がある。ここで、かりにこのような静止状態を表す場合を「状
態の維持」と呼ぶことにする。この場合、動作の継続と結果の継続の間
にあるものであって、繋ぎ的な用法として動作の継続と結果の継続とい
う二つの用法を連続的なものにしている。

c."吃"グループは飲食の動作を表す場合である。これらの動詞は"V
着"という形態で動作の継続しか表さない。（なお、このグループの動詞
は、アスペクトの特徴として非常に主体動作動詞に似ているが、動詞の
語彙的な意味から見れば主体動作・客体変化動詞にも似ている面がある。
アスペクトの意味を重視してここで述べることにした。）

(29) 婉容没理她，抢起烟枪吸着。（末代皇帝）

(30) 小溥仪向刘佳氏："谢太太赏！"然后跑到二嬷那里，一边吃
着萨其玛，一边做着鬼脸。（末代皇帝）

d."调查"グループは調査・研究・管理活動を表す場合である。これ
らの動詞は、"V着"という形態で動作の継続しか表さない。

(31) 小姑娘坐下，整理着包扎在脚上的布条。（卖瓜不说瓜甜）

17

中国語の“Ｖ着”に関する研究

　　(32) 老赵、小马将皮包放在一旁，寻找着瓜主。（卖瓜不说瓜甜）

　　e.“说”グループは、言語・視覚・聴覚などを表す場合である。“写、画”のような、「付着させる」というカテゴリカルな意味が内在するいくつかの動詞を除けば、動作の継続しか表さない。なお、“写、画”の目的語は、動作の直接対象ではなく動作の結果である。

　　(33) 婉容在床上忽地坐起，用充满恐惧的目光望着溥仪。（末代皇帝 546）
　　(34) 小不点儿不服气地嘟哝着，但又没办法反驳妈妈。（小不点儿）
　　(35) 溥仪漫不经心地翻了翻那叠公文，掏出钢笔，在公文上一签着“可”字。一件件签着“可”字的公文散落在地。（末代皇帝）
　　(36) 在医院的办公室里，两位警察笔录着王宝的叙述。（司机王宝）

　　しかし、例(36)の“笔录”という動詞は、“写”“画”と同じように見えるが、動詞の継続しか表さない。

　　f.“走”グループは、人間の移動の様相を表す場合であり、後述する“去”のような移動動詞とは、性格的に異なる。これらの動詞は、“Ｖ着”という形態で動作の継続しか表さない。

　　(37) 大街上，行人已经稀少，两个孩子在跑着，奶奶在后面也跑着。（小不点儿）
　　(38) 李顺和小瑞、小秀等护军面对面地排成两列。溥仪在他们中间一边走着，一边大声训斥：“～”（末代皇帝）

　　例(37)(38)はそれぞれ“跑着”“走着”で移動の様相を表していて“去”のような空間的な位置変化を表す場合と比べれば、アスペクトの意味に

18

は違いがある。

　g．"锻炼"グループは、体育・娯楽・文芸を表す場合である。これら
の動詞は、"V着"という形態で動作の継続しか表さない。

(39) 忽然，"啪啪"的声响打断了载沣的谈话，他扭头望去，只见小
　　　溥仪正兴高彩烈地玩着砸炮。（末代皇帝）
(40) 在玲珑别透的假山旁，三姨太手弹七弦琴，琴声悠扬。袁世凯
　　　和徐世昌相对而坐，在石桌上下着围棋。（末代皇帝）

　h．"下（雨）、降（雪）、刮（风）、打（雷）"グループは、ものの非意
志的な現象的動作を表す場合である。今まで述べてきた動詞とは、同レ
ベルのものではないが、今の所は、ここで述べておこう。

(41) 天正下着雨。空际灰蒙蒙。（民兵）
(42) 纷纷扬扬的大雪不停地降落着。（爱，是不能忘记的）

しかし、次の例の場合は人間でない場合であるが、人間扱いをする。

(43) 在山峦之间的驿道上，一辆马车拉的绿呢轿车急驰着。车前车
　　　后的护卫马队扬起了滚滚黄沙。（末代皇帝）

3.1.3 変化動詞と"V着"

　変化動詞の特徴というと、特に共通の特徴として主体の変化を表すと
いう点であろう。本章での変化動詞という名付けもこの意味で使用する。
従って、主体の変化を表すと同時に主体の動作でもあると思われる動詞
が少なくない。変化動詞の中では、最も代表的なのは、ものの無意志変
化を表す場合である。主体が人間であれば、動作でもとらえられる場合

中国語の"V着"に関する研究

が多い。

 i．主体が人間である場合
　この場合、"穿、戴、披、系／坐、靠、站、躺／去、来、回、上班／结婚、住院、死、毕业、及格／病、怀孕、瞎、晕、醉"のような動詞が上げられる。
　この中で、"穿、戴、披、系"は、主体の服装変化を表すグループであり、"坐、靠、站、躺"は、主体の姿勢変化を表すグループであり、"去、来、回、到"は、主体の空間的な位置変化を表すグループであり、"结婚、住院、毕业、及格"は、主体の社会的な変化を表すグループであり、"病、怀孕、瞎、晕、醉"は、主体＝人間の身体に関わる変化を表すグループである。

　a．"穿"グループは、先ほど述べたように主体（＝人間）の服装変化を表す場合である。勿論これらの動詞は、二側面動詞なので動作動詞でもある。しかし、継続相（非完整体）では、動作の継続より結果の継続のほうがよく使用されている。従って、服装変化だけが表される場合が圧倒的に多いのである。

　　(44) 溥杰："我以为你一定象戏台上的皇帝那样，戴着满脑袋的珠子，留着老长老长的胡子……。"（末代皇帝）
　　(45) 荒昧带着妹妹去看，只见他穿着过大的军装，戴着红花，沿着三亩塘边上的小路，去当兵了。（被爱情遗忘的角落）
　　(46) 姨太太一边给张勋穿着军服一边说："大帅，咱们这次进京，还回来不？"（末代皇帝）
　　(47) 婉容给李顺系着上衣的扣子："赶明儿，我跟皇上说说，让你当他的侍从武官好吗？"（末代皇帝）

20

例(44)(45)では、結果の継続を表しているが、例(46)(47)では、一定の文構造、文脈に縛られて動作の継続という用法になっている。

しかし、"脱"という動詞の場合は、服装変化を表すグループに入るが、身体に取り付けるという一般化したカテゴリカルな意味がないので変化・動作という二側面を常にセットで表している。

(48) 他一件一件地脱着弄赃的衣服。

b．"坐"グループは、主体、即ち人間の姿勢変化を表す。これらの動詞の場合は"穿"グループと同じように動作・変化という二側面を持つ動詞グループである。しかし、これらの動詞にはカテゴリカルな意味として「付着」という共通な意味特徴を持っている。さらに"坐"グループは瞬間的で"V着"という形態（継続相）の場合、動作ではなく変化後の結果の継続を常に表している[10]。

(49) 一辆长途客车从站内开出，靠窗坐着吴畏和畏好。（杨老师）
(50) 将军对着小兵跑去的方向，以标准的立正姿势挺立着，胸脯强烈起伏。（小镇上的将军）
(51) 吴畏慢慢地张开眼睛，发现面前站着杨老师，又赶紧把眼睛闭上。（杨老师）

確かに"正要坐""正要往下坐""正往下坐""正往椅子上坐呢"のような言い方はあるが、これは、"坐"という動作が継続中という意味で使用されているのではなく、まだその動作に接近している段階にあることを意味している。一旦"坐着""站着"というようになると、"坐""站"という人間の姿勢変化の結果を表すようになり、決して動作の継続を表さない。

ところで、この場合の"坐"類を状態動詞と見る学者がいる。しかし、

状態動詞と見る理由は充分に述べられていない。筆者は前述したように変化動詞と見なし、例(49)等の場合を変化後の結果の継続として解釈する。実際の状況にも合うように思われる。ただ、"坐着"などの場合は、"桌子上放着一本书。"のような場合と違って、"我一动也不动地在那儿坐着。"と言えるように、その状態を維持する主体よりの外力が考えられる。この点では、"搂、攥、抓、咬、含、推、压"のような動きの少ない動詞の場合に似ている。

　c．"去"グループは、瞬間的であって、"V着"という継続相の使用はあまりないようである。

> (52) 杨老师抬起头，又惊又喜。她起身走到窗前，对站在窗外的男朋友说："你到底来了。快下班了，你自己先到里面转转吧！"（杨老师）
> (53) 当班的教养员甲过来了，吴畏妈连忙上前问道："畏畏上哪儿去了？"（杨老师）

　このグループの動詞は、一般的に人間の空間的な位置変化をとらえるので動作としてはあまり長さを持たない。確かに日本語の場合には、「彼は既にアメリカに行っている。」のように継続相という言い方がある。しかし、この場合は、「Vている」の形を取っていても動作の継続ではない。もしこの文を中国語に訳すと"V着"という形にはならず、「他已经去美国了。」になるのである。日本語の「いく」「くる」などの場合には、「Vている」の形態で結果の継続を表すことが許されるが、中国語の場合には許されない。

　d．"结婚"グループはそんなに長さを持たない動詞であって、その中には、"结婚"のような動作・変化という二側面を持つものもあるしそう

でないものもある。ただ動作・変化という二側面を持つ動詞であっても今まで述べてきた二側面動詞とやや違って変化の側面を主にとらえるので、"V着"という継続相の使用はあまり多くない。一般的に、「限界への到達」的な変化としてとらえる。しかし、"赢着""输着"というような言い方は、私の語感では可能なように思う。この場合、変化後の結果の継続としての意味しかない。また、"结婚着""离婚着""住院着"などのような言い方はあまり見当たらないが、「離合動詞」として"住着院""离着婚"のような形で使用可能な場合がある[11]。

(54) 小屋里亮着灯。老太太一个人在灯下愣怔地坐着。王宝推门进屋就说："大妈，您放心吧，孩子住院了，大夫说没关系。"（司机王宝）

(55) 花子胡同没有必要再对罗云和那个青年男子的关系发生怀疑了。这天早晨，罗云敞开了一百二十三号的大门，她宣布成亲了。（风过白榆）

(56) 健力宝队还赢着一个球。

　　e. "病"グループは、主に人間の身体に関わる状態性を帯びた場合である。このグループは比較的に"V着"という形で使用されている。この場合、変化後の結果としての意味しかない。しかし、このグループに入る全ての動詞は"V着"という形で使用されるとは限らない。

(57) "嘻嘻嘻，……我不说。"小豹子红着脸，独自笑个不停。（被爱情遗忘的角落）

(58) 苏道诚不耐烦地到大木桶里舀水洗脸："好了，好了，别罗嗦了。我还饿着肚子哩，有吃的吗？"（磋跎岁月）

(59) 大二三突然过去，一下子褪下裤子，露出患着小肠疝气和公牛睾九一般大小的家伙。（风过白榆）

中国語の"Ｖ着"に関する研究

(60) 罗成仁脸就红了，尴尬地笑笑，后来咬咬牙说："姐，你烧吧，别管那个娘们，要不是看她**怀着**孩子，我揍扁了她。"（风过白榆）

ⅱ．主体がものである場合

ここでは、この節の題目のように主体がものである場合を指す。このグループに入る代表的なのは、以下のものである。また基本的に"Ｖ着"という形で変化後の結果の継続を表すが、動的な変化の連続という場合もある。しかし、全ての動詞には"Ｖ着"を持つとは限らない。形態的には考えられても実際にはあまり使用されないようである。

"弯、歪、缩、长、伸、斜、倒、碎、破、断、塌、崩、倒闭、沉、发生、变、停、散、减少、开、关、掉、落、谢、丢"

(61) 寒眉认真起来："这怎么行……食堂门还**开着**，快把菜票给我，我给你打菜去"（女友）

(62) 小屋里**亮着**灯。老太太一个人在灯下怔怔地坐着。（司机王宝）

(63) 用高粱秸勒的排子门大**敞着**，门口两棵年轻的树，一棵榆树，一棵椿树，茂密的枝桠交织在一起，象一个绿色的大道。（艳阳天、第1卷下）

(64) 趁他不注意，安乐突然将高天元的帽子摘了下来。那额头上的伤疤果然**裂着**红彤彤的口子。（路上有雪）

(65) 秋天来了，树上的叶子随风不停地**飘落着**。

例(61)～(65)から分かるように、ものの変化を表す変化動詞の場合には、基本的に"Ｖ着"という形で変化後の結果の継続というアスペクトの意味を実現するのだが、例(65)のように、一定の文構造または場面（コンテクスト）に縛られると動態とも理解できる。

4. おわりに

以上、外的な運動動詞に絞って"V着"の使用状況について述べてきたが、まとめると以下のようである。

ⅰ．"V着"のアスペクトの意味を確認した。本章では、"V着"のアスペクトの意味を継続性にまとめ、そしてさらにそれを動作の継続と結果の継続に下位分類した。この二つの用法は"着"によるものではなく動詞の語彙的な意味（またはカテゴリカルな意味）に深く関わっているものである。

ⅱ．動作動詞の場合には"V着"のアスペクトの意味は、基本的に動作の継続を表す。それに対して、変化動詞の場合には基本的に結果の継続を表す。

ⅲ．しかし、動作動詞の中の"安"グループの場合には、それらの動詞の中に「取り付ける」というカテゴリカルな意味が内在しているので、一定の言語環境の中で、"V着"という形では結果の継続を表すことができる。採集した用例から見れば、動作の継続より、結果の継続の方がよく使われている。また、動作動詞の中には客体に接触するだけの"摸"グループがある。このグループの中の"搂、攘、抓、咬、含、推、压"のような動きの少ない動詞の場合には、「接触したまま動かない」というカテゴリカルな意味も内在している。それで結果の継続を表す用法に近づいていく場合が少なくない。この場合、主体よりの外力が考えられる。なお、"写、画"のような「付着させる」というカテゴリカルな意味が内在するいくつかの動詞には、結果の継続の用法がある。

ⅳ．変化動詞の中には二側面動詞がある。この中には、主体（＝人間）の服装変化を表す"穿"グループがある。このグループの場合には、「取り付ける」というカテゴリカルな意味を有するので、"V着"では動作の継続も結果の継続も表すことができる。しかし、動作の継続より、結果の継続のほうがよく使用されている。それに対して、主体、即ち人間の姿勢変化を表す"坐"グループの場合には、"穿"グループと同じように

動作・変化という二側面を持つ動詞グループではあるが、これらの動詞にはカテゴリカルな意味として「瞬間的な付着」という共通な意味特徴を持っている。このような特徴によって"V着"という形態（継続相）の場合には、一般的に動作ではなく変化の結果の継続を常に表している。ただ、"坐"グループの場合は"搂、攥、抓、咬、含、推、压"のような動きの少ない動詞の場合と同様に状態を維持する主体よりの外力が考えられる。

　v．変化動詞の中には、日本語と違って"V着"の形を持たない場合がある。例えば、「結婚している」と言えるが"结婚着"とは基本的に言えない。

　vi．なお、前述したように、動作動詞・変化動詞の中には"V着"という形で動作の継続と結果の継続という二つのアスペクトの意味をどちらも表すことができるグループがある。この場合には、ただ動詞の語彙的な意味またはその一般化としてのカテゴリカルな意味だけによるものではなく、文構造・場面（文脈）にも深く関わっている。つまり、どちらの意味を実現するかは、動詞の語彙的な意味またはその一般化としてのカテゴリカルな意味と文構造・場面（文脈）という二つの条件によって決定される。この二つの条件は基本的にどちらも欠けることはできない。

注

1)徐丹(1992)の「汉语的"在"与"着（著）"」(中国语文总第 231 期)、孙朝奋(1997)の「再论助词"着"的用法及其来源」(中国语文总第 257 期)参照。

2)奥田(1984)の『ことばの研究・序説』参照。

3)奥田(1994)の「終止形その 1・2・3」、工藤(1995)の『アスペクト・テンス体系とテクスト』参照。

4)奥田(1977)の「アスペクトの研究をめぐって」参照。

5)胡裕樹らの(1995) 《动词研究》参照。

"V着"の基本的な意味と動詞の類

6)工藤(1995)『アスペクト・テンス体系とテクスト』参照。

7)言語学研究会は、奥田靖雄氏をはじめとする、主に現代日本語を研究対象とするグループである。本研究会はテンス・アスペクトについて非常に素晴らしい研究成果をあげている。

8)工藤(1995)は『アスペクト・テンス体系とテクスト』でそれぞれ外的な運動動詞と内的な情動動詞と名付けている。また、胡裕樹らの (1995)《动词研究》では動詞を動態と静態に二分類している。静態を属性・関係・心理感覚・姿勢・位置に、動態を動作（瞬間、持続）と結果（瞬間、持続）に、さらに下位分類した。この分類は、アスペクト（情状）を考慮にいれた分類である。これ以外もアスペクトの性格から中国語の動詞を分類した文献がある。これらについて参考文献を参照されたい。

9)詳しい分類については王学群(1998)の「アスペクトと動詞の分類」を参照されたい。また周知のように、一つの動詞には通常いくつかの意味用法がある。具体的な意味用法によって当然同じ類に収められない場合がある。従って、一つの形でありながら意味用法によってそれぞれ別の類に入るという可能性があるのである。例えば、"他的衣服破着一个洞。"の"破"は変化動詞の中に入り、変化結果の継続というアスペクトの意味を実現している。それに対して、"木匠们正在不停地破着方木。"の"破"は動作動詞の中に入り、動作の継続というアスペクトの意味を実現している。なお、"打死""饿死""看完""跑坏""喝醉"などのような結果補語のくっついた場合は"V着"の形にならないのでこの報告では触れないことにした。

10)朱德熙(1995)『文法講義』参照。

11)このような「離合動詞」はまた"怀着孕""上着班""游着泳"のようなものもある。この場合はやはり動作の継続、または結果の継続と理解してよいだろう。

例文の出典

　例文は、基本的に中国人作家が書いた小説から取ったもので、個々の用例の後ろにその出所が書いてある。また、例文の後ろに出典が書いてないのは、必要に

中国語の"Ｖ着"に関する研究

応じて私の語感で作ったものである(例 4・15・20・48・56・65)。なお、〈動〉と書い
てあるのは、《现代汉语动词大词典》(北京语言学院出版社 1994)から採集したも
のである(例 17・18)。

参考文献

吕 叔湘　　(1982)(再版)(初版 1942)《中国文法要略》(商务印书馆)

王 力　　　(1944)《中国现代语法》(中华书局出版)

朱 德熙　　(1995)『文法講義』(杉村博文・木村英樹訳　白帝社)

马 庆株　　(1992)《汉语动词和动词性结构》(北京语言学院出版社)

胡裕树ら　　(1995)《动词研究》(河南人民出版社)

施 其生　　(1996)《方言论搞》(广东人民出版社)

陈 平　　　(1988)论现代汉语时间系统的三元结构《中国语文》总 207)

龚 千炎　　(1991)谈现代汉语时制和时态表达方式《中国语文》总 223)

沈 家煊　　(1995)"有界"与"无界"《中国语文》总 248)

郭 锐　　　(1993)汉语动词的过程结构《中国语文》总 237)

郭 锐　　　(1997)过程和非过程－汉语谓词性成分的两种外在时间类型《中国语
　　　　　　文》总 258)

戴 耀晶　　(1998)论现代汉语的体范围『開篇』(好文出版)

费 春元　　(1992)说"着"《语文研究》总第 43 期)

孙 朝奋　　(1997)再论助词"着"的用法及其来源《中国语文》总 257)

徐 丹　　　(1992)汉语里的"在"与"着（著）"《中国语文》总 231)

陈 刚　　　(1980)试论"着"的用法及其与英语进行式的比较《中国语文》1)

村松恵子　　(1988)「"着"の文法的な意味」『中国語学 235』

平山久雄　　(1959)「北京語の"着"とその接尾する動詞について」『中国語学 88』

木村英樹　　(1981)「付着」の"着／zhe"と「消失」の"了／le"『中国語 258』

荒川清秀　　(1985)「"着"と動詞の類」『中国語 306』

劉月華ら　　(1988)『現代中国語文法総覧』(相原茂　監訳　くろしお出版)

C.E.ヤーホントフ(1957)『中国語学研究叢書 3　中国語動詞の研究』(橋本萬太郎

訳 1987　白帝社)

奥田靖雄　(1977)「アスペクトの研究をめぐって ── 金田一的段階 ──」（宮城
　　教育大学『国語国文』8 ）

奥田靖雄　(1978)「アスペクトの研究をめぐって」(『教育国語』53,54)

奥田靖雄　(1985)『ことばの研究・序説』(むぎ書房)

奥田靖雄　(1988)「時間の表現」(『教育国語』94,95 むぎ書房)

奥田靖雄　(1993)「動詞の終止形その(1)(2)(3)」(『教育国語』2,9/12/13)

鈴木重幸　(1989)「現代の日本語動詞のテンス」(『言語の研究』むぎ書房)

鈴木重幸　(1996)『形態論・序説』(むぎ書房)

高橋太郎　(1985)『現代日本語動詞のアスペクトとテンス』(秀英出版)

高橋太郎　(1994)『動詞の研究』(むぎ書房)

工藤真由美(1987)「現代日本語のアスペクトについて」(『教育国語』91)

工藤真由美(1989)「現代日本語のパーフェクトをめぐって」(『ことばの科学』3)

工藤真由美(1995)『アスペクト・テンス体系とテクスト』(ひつじ書房)

王　学群　(1998)「アスペクトと動詞の分類」(『語学教育研究論叢 15』大東文化
　　大学語学教育研究所)

［付記］
　　本章は、『千葉商科大学紀要』(第 36 巻第 1 号、1998)と『現代中国語研究論集』
(現代中国語研究会編、中国書店、1999)に掲載された論文(「中国語の“V着”に
ついて」)をもとに加筆・修正したものです。

第 3 章
"V 着" と思考・心理活動動詞

内容提要

本章主要对思考、心理活动动词进行了一定的考察，该考察主要限于"V着"这一形态之内。认为:思考活动动词近似动作动词，可以实现几个体义，以"V着"的形态，表示思考活动的持续。心理活动动词近似变化动词，主要用于表示心理状态的变化。当心理活动动词为零形，人称为第一人称时，主要用于表明或表述心理状态;当心理活动动词为"V着"的形态时，主要用于表示心理活动的持续。但是，也有不少心理活动动词并不具有"V着"的形态。另外，零形和"V着"之间有时出现中和现象。

キーワード：思考・心理活動の継続、態度の表明、感情の表出

目次

1. はじめに
2. 思考・心理活動動詞と "V着"
   2.1 思考活動動詞
   2.2 心理活動動詞
     2.2.1 "希望" 類
     2.2.2 "恨" 類
     2.2.3 "愛" 類

2.2.4 "挂念"類

2.2.5 "操心"類

2.2.6 "怀疑"類

2.2.7 "愁"類

2.2.8 "后悔"類

2.2.9 "觉得"類

2.3 思考・心理活動動詞のアスペクトの意味とモーダルな意味

2.3.1 思考活動動詞

2.3.2 心理活動動詞

3. おわりに

1. はじめに

　第1章と第2章で述べたように、"V着"の意味用法は、基本的に、(a)"李順和那两列护军互相打着对方的嘴。"、(b)"坐着，别动！"、(c)"他昨天是拿着伞来的。"のように、アスペクトの意味を表す"V着"、モーダルな意味を含んだ混合型の"V着"、付帯状況として使用される"V着"に分けられる。本章では、(a)の場合を考察の対象とする。そして、主に思考・心理活動動詞を中心に考察することにする。

　ところで、既に第2章で述べたように、先行研究においては、"着"に注目した研究もあるし、研究対象を動詞に広げて"V着"のアスペクトの意味を調べたものもある。しかし、基本的に"V着"のアスペクトの意味は進行と持続にまとめられているようである[1]。筆者は、第2章では、"V着"のアスペクトの意味用法を基本的に継続性を表すと結論づけた。そしてそれをさらに動作の継続と結果の継続と二分類した。この結論は、主に動作動詞と変化動詞についての考察であったが、"「思考・心理活動動詞」＋'着'"の場合、一体この結論でいいかどうかは、まだ断定することができない。本章での考察によってそれを明らかにしたいと考えている。

2. 思考・心理活動動詞と"Ⅴ着"

　思考・心理活動動詞は、動作動詞、変化動詞と比べれば、やや動詞らしさが欠如するところがあるようである。一般的に動作動詞、変化動詞の後ろに"着"が付着することができる。しかし、思考・心理活動動詞の場合には、付着できない場合が少なくない。そして、使っても非常に制限されていて言語資料からそういう用例を集めようとしてもなかなか見つからない。

　思考活動動詞は、主に人間の思考活動を表すもので、最も動作動詞に近い存在である。心理活動動詞は、主に人間の心的な態度や心的な状態や心的な活動などを表すもので、心理変化を表すという点からみれば、変化動詞に近い面がある。

> (1)考虑、思考、想、回忆、思虑、猜、猜测、猜想、沉思、反思、
> 　幻想、设想
> (2)希望、盼望、期望、期待、盼、指望、向往
> (3)恨、怪、喜欢、喜爱、嫌、厌恶、讨厌
> (4)爱、恋爱、热恋、热爱、留恋
> (5)挂念、怀念、思念、想念
> (6)操心、担心、担忧、关心、放心、关怀、留神、留心、当心、小心
> (7)怀疑、妒忌、嫉妒
> (8)愁、发愁、烦、烦恼
> (9)后悔、害羞、羡慕、感动、伤心、心疼、灰心、怕、害怕
> (10)以为、认为、觉得、

2.1 思考活動動詞

　先ほど述べたように、思考活動動詞は、人間の思考活動を表すもので、最も動作動詞に近いグループである。主にリスト(1)"考虑、思考、思虑、思索、思量、想、猜想、幻想"などである。"Ⅴ着"という形態で思考活動が継続中であることを表す。また、"想"は、その意味特徴からみれば、

"V着"と思考・心理活動動詞

思考活動だけではなく心理活動の方にもよく使われている。ここでは思考活動を表す場合について述べてみる。

(1) 他跟着往里走，听着他们的谈论，看着周围的一切，**思考着**就要开始的新工作和新生活，心里非常激动。（金光大道）

(2) 他仔细**考虑着**"我们从来对于承认错误、决心改正错误的人总是宽大的"这句话，他心上的乌云逐渐散去，开朗了。（上海的早晨）

(3) 缺脂肪，缺维他命A、B、C、D，他设想着倪萍和倪藻吃了鱼肝油以后变得结实起来、粗壮起来的情景，觉得可喜。（活动变人形）

(4) 于宝宗一边写着，一边想着什么事儿，被这喊声吓了一跳，手里的小灰桶差一点儿掉到地上。灰水一摇，溅在他的大衣襟上了。（金光大道）

(5) 整个下午，许宁就倒在铺上睡去了；卢嘉川靠着墙坐在铺板上默默地**沉思着**——他思考着整个示威团的命运和动向。（青春之歌）

例(1)～(5)は、どれも現在またはその時という時間軸上における動作のすがたを表している。つまり、思考活動が継続的に行われているのをとらえている。また、思考活動動詞は、一般的に"V着"という形態を持っている。なお、以上の例は、思考活動が連続的であるが、断続的に行われる場合もあろう。

(6) 我今天一天都在**考虑着**这个问题。

この例を理論的に理解すれば、"今天一天"という時間的な範囲の中において何もしないで、ある問題について考え込んでいた。勿論このような考え方も成り立つが、途中で何回かその思考活動を中断してご飯を食べたりすることも考えられる。そうすると、断続的に行われても成立が

33

中国語の“V着”に関する研究

可能であるということになる。

　また、“V着”という形態と“着”という形態のつかない「V」だけの
ゼロ形態(以下は「ゼロ形態」と略すことにする)は、同様な思考活動を
表す場合が少なくない。次は、“想”の用例であるが、コンテクストの違
いがあるものの、意味的に考えれば、同じように思われる。

(7)　怎么回事情？好心的刘叔叔，他好好说着话，为什么忽然瞪起眼
　　　睛来，叫大家快干活呢？正想着，啪啪，从上面打来两块小石头：
　　　“快干，快干！要不快干，我下去打死你！”玉宝忙抬头一看，啊，
　　　那个瞎鬼子在楼窗上看着他们正喊呢。玉宝心中恨他，**心想**：“工
　　　厂和农村的财主家原来是一样的。鬼子与财主是一路货。刘叔叔
　　　好，可是工厂不是刘叔叔的；小工友好，可是工厂不是小工友的。
　　　我要记住大家对我说的话：‘长点眼睛。’方才人家都看见鬼子
　　　在楼上，我就没有看见。”(高玉宝)

(8)　玉宝坐在洞外，四下看着鬼子，他奇怪的想：“刘叔叔这个人，
　　　倒是干什么的？他对人那样好，不但我说他好，四个大工厂里的
　　　人都说他好。真怪，他也没有家，住的地方都不一定，今天住在
　　　这里，明天住在那里，我问他好几回，他也不告诉我，总是说：
　　　‘你现在不要知道，等慢慢有了时间，我好好对你讲。’以后我
　　　非要问出他不可。”**正想着**，不好了，他见独眼龙带着三四个鬼
　　　子，凶气冲天的样子，一个个拿着大棍子走来。玉宝见事不好，
　　　忙跑进洞去，见他们已开完会正想走呢，玉宝忙说：“快点，快
　　　点，鬼子从这个洞门口来了。”（高玉宝）

　先ほど述べたように、テクストにおける場面構造の違いがみられるが、
“着”という形態のつかない場合は、一般的に思考内容が述語動詞とし
ての思考活動動詞のあとに現れてくるのに対して、“V着”の場合は、
“V着”より思考内容がさきに現れてくるのが多く見られる。例えば、
例(8)では、思考内容は“着”の付いていない“想”の後にあり、“想着”

34

は思考内容の後にある。このような配列によって、時間的な限定が強く感じられ、次の出来事との緊張関係が強く言い表されている。この場合、"着"が省略されないのが一般的である。

2.2 心理活動動詞

心理活動動詞は、思考活動動詞より数が多く、大体、心的な活動を表すグループ、心的な態度を表すグループ、心的な状態を表すグループというように、今のところ、経験的に三分類する。

2.2.1 "希望"類

このグループに入るのは"希望、期望、期待、盼望、渴望"である。このグループは、一般的に"V着"で心的な活動の継続を表す。

(9) 时间仿佛静止了，每一分，每一秒都象押长了似的。我忐忑不安地**期待着，盼望着**，我甚至后悔，没有跟妈妈一起去找老师，（轮椅上的梦）

(10) "晓燕，对他，你现在还能这样看吗？你怎么还在**希望着**他的爱情和怜悯？这可是极端危险的！"（青春之歌）

(11) 丑松**盼望着**早些到达这条河的上游，到达小县的山谷——根津村。他像**期待着**光明的海洋一样，加快步伐，（破戒）

2.2.2 "恨"类

"恨"类は、心的な状態も表すが、主に心的な態度を表すグループである。今までのグループと違って、あまり"V着"を持たないようである。ただ"一直"などの時間的な副詞が使われた場合には、可能になる。また、このような副詞がなくても一定のコンテクストの助けがあれば使用も可能である。

(12) 作为普通人见了钱突然就变成坏人的例子，作为世界上不可

能存在足以信得过的人的例子，我在思考着、同时又**憎恨着**这
个叔父。（こころ）

(13) 他自从那件事以后，一直恨(着)我们。

(14) 新雨一直喜欢(着)小马。

例(13)(14)のような、"一直"などのような副詞がある場合には、"着"
がなくても継続的なものとして理解することができる。

2.2.3 "爱"類

ここでは、"V着"という形で表しているのは、主体の現在（またはそ
のとき）における継続的な心理状態である。

(15) 他知道在这个公馆里至少还有一个人是爱他的。这个少女纯洁
地、无私心地**爱着**他，时时刻刻都在为他祝福。（家）

(16) 作为一名战士他**留恋着**部队的一切。<動>

(17) 自从从事这一工作我就一直**热爱着**它。<動>

2.2.4 "挂念"類

このグループの動詞は、基本的に"V着"を持っている。それは恐ら
くこれらの動詞に時間的な幅があるからであろう。表しているのは、や
はり心的な状態の継続である。

(18) 俺正在**思念着**清婆，翻来覆去地睡不着，突然在俺的头顶上，从
数目说来恐怕有三、四十人，踏着咚、咚、…（坊ちゃん）

(19) 总理在日理万机中还**挂念着**我这个普通工人。<動>

(20) 在这十几年里张厂长无时无刻不**想念着**儿时的伙伴们。<動>

2.2.5 "操心"類

このグループになると、"V着"という形態は、そんなに使用されない

ようである。使用された場合は、やはり継続的な心的状態を表す。

(21) 几十年来政府一直关怀着这些孤苦老人。<動>

(22) 这几年母亲一直担心着我们的前途。

(23) 那时他一直担忧着祖国的命运。

2.2.6 "怀疑"類

このグループにおいても"Ｖ着"は、そんなに使用されないようである。

(24) 年轻的我，那时暗自怀疑着对方可能也有和我同样的感觉，同时心里还预想着先生会这样回答我。（こころ）

(25) 并且总是把第二名甩开相当一段距离。连最嫉妒他的同伴也说他有一种"语言天才"，并且有人归结为"遗传基因"。（钟鼓楼）

(26) 自从那件事情发生以后，他一直妒忌(着)他，总觉得自己不如他学习好。

例(24)～(26)からわかるように、一種の主体の心的な態度を表しているが、"Ｖ着"を使用しないのが一般的なようである。

2.2.7 "愁"類

このグループは、やはり主体の心的な状態の継続を表している。

(27) "要用棺材，我那里还有一口松木棺材，你抬来用吧。"高学田正愁着没有棺材呢，忙问："王东家，那口棺材要多少钱呀？"(高玉宝)

(28) "市长心绪好了事情或许好办，他正烦着，一个随便的理由都能先否定了你，以后再也说不得了。这事我见机行事 你放心，～。"(废都)

2.2.8 "后悔"類

このグループも、同じく主体の心的な状態の継続を表している。

> (29) 他不觉多看了她两眼，心里羡慕着哥哥。于是他回过头去，一边
>   扇扇子，一边看书。（家）
>
> (30) 小刘在更衣室里正伤着心呢。

2.2.9 "觉得"類

このグループは、主に"以为、认为、觉得"などである。これらの動詞は、常に思惟活動の内容を表すためか、"V着"を持っていない。

> (31) 还有呢，在这种时期，他越着急便越自苦，吃喝越没规则；他以
>   为自己是铁作的，可是敢情他也会病。(骆驼祥子)
>
> (32) 但是今天的事使他觉得心里有什么地方过不去。站在门口，注视
>   着爸爸的到来，这已经使他心惊肉跳。（活动变人形）
>
> (33) 对不起，我认为这很可能是教务主任的失言。某先生这次担当值
>   班，…。（坊ちゃん）

2.3 思考・心理活動動詞のアスペクトの意味とモーダルな意味

以上、例文をあげながら、"「思考・心理活動動詞」＋'着'"の用法を列挙してきたが、ここで述べなければならないことは、まだ一つ残っている。それは、それらの動詞におけるアスペクトの意味とモーダルな意味である。以下は、それについて考察する。

2.3.1 思考活動動詞

先ほど、述べたように思考活動動詞は、動作動詞に最も近いものである。このグループの場合に限って言えば、アスペクトの体系が揃っている。つまり、それらの動詞の後ろに中国語のアスペクト標識が付着すれば、アスペクトの意味を表すことができる。例えば"我想了一个办法。"

"我正想着一个问题。""我想过这个问题。"などのように、どれもアスペクトの意味を実現している。"「思考活動動詞」＋'着'"という形態では、間違いなく思考活動の継続を表しており、"V了"では、思考活動の実現[2]を表しており、"V过"では、経験を表している。ただ"我想:…""心想:…"などのように思考内容を表す場合、ゼロ形態の使用が圧倒的である。

2.3.2 心理活動動詞

心理活動動詞は、思考活動動詞と異なって、アスペクトの対的な関係が崩れている。ある動詞は、"V着"という形態がよく用いられ、ある動詞は、"V(了)"という形態がよく用いられるのである。"V着"の場合は、終わりと始めを切り捨てて継続的なものとして心理活動をとらえている。それに対して、ゼロ形態の場合は、主体の心的な態度の表明や心的な感情(感覚)の表出などを表す[3]。例えば、"我恨着她。"と言えば、ただ"恨"という主体(一人称)の心的な態度の表明ではなく、継続的なものとしてとらえているのである。以下は、この問題について用例をあげながらもう少し述べてみたい。

(34) 现在中国已经不一样了……我只希望你能有机会回去再看看，看看究竟发生了什么变化…不论在什么地方，有爱国的心，…。"（活动变人形）

(35) 你还是在开花结果的时节。…大表嫂，我真羡慕你。…我在人世多活一天，只是多挨一天的光阴。我活着只是拖累别人。"（家）

(36) 有时我心里实在难受，便一个人躲在房里哭，或者倒在床上用铺盖蒙住头哭，害怕人听见哭声。…大表嫂，你不要笑我爱哭。（家）

例(34)～(36)は、主体である一人称の、現在における心的な態度の表明、感情の表出、心的な状態の表出などを表している。もし三例には"着"が付着したら恐らくゼロ形態の場合より時間的な長さが感じられ、継続

的なものとして理解した方がよいと思われる。ただ一人称であっても、一定のコンテクストの中において、例えば"当时我非常担心那件事。"というように、当時の一人称の心的な状態などについて記述的に述べる場合がある。例(36)は、記述の方に近づいている。

(37) 你想中学时候的同学吗?

(38) "我劝你还是趁早忘记梅表姐罢, 你多思念她, 只是苦了你自己, 而且你想着她, 又怎样对得起嫂嫂, 你不是也爱嫂嫂吗?"（家）

　二人称の場合は、疑問文になったり、従属文になったりする。一人称と三人称とはやや違うようである。この場合、ゼロ形態で態度の表明や感情の表出などを表さないで、ある心的な態度・感情に対してのたずね、記述などである。また、"V着"という形態で現在またはその時の心的な状態などを継続的にとらえている。

(39) 她当了青年团员以后, 身上猛地增加了巨大的力量, 希望有机会给革命事业贡献更多的力量。恰巧遇到重点试纺, （上海的早晨）

(40) "没事儿, 毛主席想着咱们, 下边的情况他全知道, 一切都会有安排的。"说着, 神情一转, （金光大道）

　この場合は、三人称の主体の心的な態度の表明、または心的な感情や心的な状態の表出である。例(39)は、三人称の"她"の心的な態度の表明であり、例(40)は、"毛主席想咱们"になると、"毛主席"の心的な態度の表明であり、文としてそういう事実を伝える記述文になる。"毛主席想着咱们"の"想着"を用いることによって継続的なものとして記述している。ただ、もし"毛主席想咱们"が"想念"で、"毛主席想着咱们"が"没有忘记(记着)"という意味で使用さているのならば、ゼロ形態と"V着"の形態の違いによって意味的なずれも生じていると思う。

　このように、心理活動動詞の場合は、一般的に、継続的なものとして

とらえるのか、または心的な態度の表明などとしてとらえるのかによっ
て表現形式が違ってくると言えるようである。
　また、前述したように、思考活動動詞は、基本的に"V着"の形を有
するが、心理活動動詞になると、"V着"を持たない動詞が多くなる。た
とえば、"希望"という動詞は、"V着"という形態があるものの、ゼロ形
態の場合が圧倒的に多い。《中日对译语料库 試用版》(北京日本学研究中心編、
1999)を利用して"希望"という動詞を調べてみたが、その中には、"希
望"の用例が 638 例あったが、"希望着"の用例は 3 例しかなかった。な
ぜそういう現象があるのだろうか、それは恐らく"希望"という動詞が一
般的に次の例のように心理内容を目的語に使用されるからであろう。

　　(41) 说老实话，俺十分同情他，希望他能坐到俺身边来。

　例(41)では、"希望"の心理内容は"他能坐到俺身边来"で、ある意味
では、兼語文的である。また、"以为、认为、觉得"なども思惟活動の内
容を目的語としているので、基本的に"V着"の形態を持たない。この
事実から言えるのは、動詞の性格や語彙的な意味などによって"V着"
の形態を持つかどうかが決定されるということである。

3. おわりに
　以上、思考・心理活動動詞を中心に、そのアスペクトの意味やテクスト
における使用状況などについて、一定のレベルまで考察を加えた。まと
めると主に以下の二点である。
　ⅰ. 思考活動動詞は、動作動詞に近い。アスペクトの意味を幾つかの
形態で実現している。"V着"では、思考活動が継続中であることを表し
ている。
　ⅱ. 心理活動動詞は、変化動詞に近い面があり、心理変化、心理状態
を表している。ゼロ形態の場合には、心的な態度の表明、感情的な表出
を表すのに対して、"V着"の場合にはそういう心理活動を継続的なもの

としてとらえるのである。また、ゼロ形態の場合の心的な態度の表明、感情的な表出という用法は、一人称に限られる。三人称になると、それの記述になる。二人称になると、質問文や従属文での使用が目立つ。また、"V着"を持たない心理活動動詞がある。この場合は、対的な対立関係が崩れる。さらに、ゼロ形態であっても"V着"の形態であっても意味的にあまり変わらない場合がある。この現象を引き起こす原因としては、動詞の性格、構文的な特徴などによるものであると考えられる。

注

1) "着"は、今までの研究では、進行貌(王力 1943)、方事相(呂叔湘 1944)、进行体(高名凱 1948, 王松茂 1981, 俞敏 1983)、非完整体(戴耀晶 1997)のように位置づけられている。これに関する詳しいことは、筆者(1999)の「中国語の"V着"について」を参照されたい。
2) 劉勲寧(1988)「現代汉语词尾"了"的语法意义」参照。
3) 工藤(1995)『アスペクト・テンス体系とテクスト』参照。

例文の出典

例文は、基本的に《中日对译语料库》(北京日本学研究中心編 試用版 1999)と中国人作家が書いた小説から取ったもので、個々の用例の後ろにその出所が書いてある。また、用例の後ろに出典が書いてないのは、必要に応じて私の語感で作ったものである。なお、<動>と書いてあるのは、《现代汉语动词大词典》(北京语言学院出版社 1994)から採集したものである。

参考文献

呂　叔湘　(1942)《中国文法要略》(商务印书馆 1982 再版)

王　力　(1944)《中国现代语法》(中华书局出版)

陈　平　(1988) 论现代汉语时间系统的三元结构(《中国语文》总 207)

龚　千炎　(1991) 谈现代汉语时制和时态表达方式(《中国语文》总 223)

沈　家煊　(1995) "有界"与"无界"(《中国语文》总 248)

郭　锐　　　(1993) 汉语动词的过程结构(《中国语文》总 237)

杨　华　　　(1994) 试论心理状态动词及其宾语的类型 (《汉语学习3》)

胡　裕樹ら(1995)《动词研究》(河南人民出版社)

张　黎　　　(1997)"谓了 C"和"谓 C 了"(『中国語学 244』)

戴　耀晶　　(1998) 论现代汉语的体范围(開篇)好文出版)

孙　朝奋　　(1997) 再论助词"着"的用法及其来源(《中国语文》总 257)

徐　丹　　　(1992) 汉语里的"在"与"着(著)"(《中国语文》总 231)

陈　刚　　　(1980) 试论"着"的用法及其与英语进行式的比较(《中国语文》1)

荒川清秀　　(1985)"着"と動詞の類 (『中国語 306』)

劉月華ら　　(1988)『現代中国語文法総覧』(相原茂 監訳 くろしお出版)

奥田靖雄　　(1977) アスペクトの研究をめぐって ── 金田一的段階 ── (宮城教育
　　大学『国語国文』8)

奥田靖雄　　(1993) 動詞の終止形その(1)(2)(3) (『教育国語』2,9/12/13)

鈴木重幸　　(1989) 現代の日本語動詞のテンス (『言語の研究』むぎ書房)

高橋太郎　　(1985)『現代日本語動詞のアスペクトとテンス』(秀英出版)

工藤真由美(1995)『アスペクト・テンス体系とテクスト』(ひつじ書房)

王　学群　　(1998) アスペクトと動詞の分類(『語学教育研究論叢 15』大東文化大
　　学語学教育研究所)

王　学群　　(1999) 中国語の「Ｖ着」について (『日中言語対照研究論集』創刊号)

王　学群　　(1999)"Ｖ着"のかたちの命令文について (『千葉商科大学紀 37-2』)

［付記］
　本章は、『中国語論集』(荒屋勸教授古希記念行事委員会編、白帝社、2000)に掲
載された論文(「"Ｖ着(ZHE)"についての考察─思考・心理活動動詞を中心に─」)
をもとに加筆・修正したものです。

第4章
地の文における"V着(zhe)"のふるまい

内容提要

本章把篇章划分为会话部分(会话文)和非会话部分(地の文), 考察了非会话部分的"V着"的基本功能。主要考察内容为: 1)描述了"V着"在非会话部分的使用情况; 2)论述了"V着"在非会话部分的基本功能, 认为"V着"主要用于描绘情状; 3)分析了该功能与语法意义(体义)的关系, 证明它们之间具有连续统式的意义变化; 4)"在V"为外部规定;"V着"为内部规定, 具有不同的连续统式的意义变化。这是二者在功能用法上产生差异的主要因素。

キーワード:継続 状態 状況描写 意味移行

目次

1. はじめに
  1.1 研究の対象と目的
  1.2 先行研究
  1.3 問題点
2. "V着"の機能的な使用実態
  2.1 "V着"の様々な表れ方
    2.1.1 動的な場合
    2.1.2 静的な場合

地の文における"V着"のふるまい

　2.2　状況描写を表す理由
3.　"在V"と"V着"の機能的な違い
4.　おわりに

1.　はじめに

1.1　研究の対象と目的

　文学作品(＝ここでは主に三人称で書かれた小説のことを指す)は、基本的に語り手(書き手)の観察、判断、説明などを表す部分(＝地の文)と登場人物の会話を表す部分(＝会話文)からなる。このような使い分けをするのは、両者における"V着"の使われ方にも違いが見られるからである。ここで言っている違いは、文法的な意味としてのアスペクトレベルの違いではなく、テキスト(以下、地の文と会話文を纏めて一般に述べる場合「テキスト」という用語を使用することにする)における機能的な違いである。本章は、地の文における"V着"の機能的な側面を調査することを目的とする。

　"V着"は、次の例(1)(2)(3)のように、テキストにおいての現われ方が様々である。

　　(1)　小姑娘没吱声，用牙咬着筷子。
　　(2)　她笑着告诉了我。
　　(3)　坐着，别动!

　例(1)は文の述語に使われアスペクトの意味を表す場合であり、例(2)は付帯状況として使われる場合であり、例(3)はモーダルな意味を含んだ(命令文)混合型の場合である。本章では例(1)に見られるような用法を考察の対象とする。なお、本章では"V着"のアスペクトの意味について第2章と第3章で述べた筆者の考え方に従う[1]。

45

中国語の"Ｖ着"に関する研究

1.2 先行研究

　テキストにおける"Ｖ着"の機能に焦点を当てて考察を加えた論文はまだ少ない。特に地の文に絞っての考察はあまり見当たらない。アスペクトの意味を考察しながらテキストにおける機能について触れている主な論文として次のものがある。

　(A)劉月華ら(1983)は、《实用现代汉语语法》の"着"の用法という節(p229-232)で"'着'主要表示一种持续的状态，即使在表示某一动作在持续时，也多为了说明、描写某物所处的或所呈现的状态。也就是说，'着'的作用在于描写。"と述べて、"着"のテキストにおいての働き(作用)を描写性と認め、次のような例をあげている。

　　　◇ 赵永进静静地听着，一声也不响。
　　　◇ 她的眼里闪动着泪花。
　　　◇ 交通艇嘡嘡地向前疾驶着。

　さらに、"在"について"'着'不同于表示动作进行的'在'。'在'的作用在于叙述动作的进行，而不是描写。"とも述べ、"在"と"着"の違いを提示している。この観点はかなり大まかな考え方であるが、それだけでもテキストにおける"在Ｖ"と"Ｖ着"についての機能的な違いがある程度示されている[2]。

　(B)費春元(1992)は"说'着'"という論文(p23-25)の中で"着"が"进行"ではなく、"情状"を表すという説を立てている。そして"情状"について"所谓'情状'是相对于'陈述'而言的，'陈述'用来表达发生了或将要发生某个事件，侧重于是否发生，表述一种事实;而'情状'则表示一种运转状态，侧重于对情景的描绘与摹拟。"と説明している。この説は陸俭明(1999)が"'着(zhe)'字补议"という論文(p333)で"费春元的说法是非常欠考虑的，

46

地の文における"V着"のふるまい

他把语用和语法混为一谈了。姑且承认'动词+着'多用于描绘情景，那这也只是说明'动词+着'的语用价值，并不能据此就认为'着'的语法意义是'表示描绘情状'。"と指摘したように、テキストにおける"着"の働きと"着"の文法的な意味記述に混同したところが見られる。時間軸上においての"継続(持続)"という意味こそ"V着"の文法的な意味(＝アスペクトの意味)である。"情状"も"描写"もテキストにおける"V着"の働き(機能)である。しかし費春元(1992)が無意識にテキストにおける"V着"の働きに触れ問題提起をしたという点では重要な価値がある。

1.3 問題点

(A)(B)文献は、どちらも問題提起に止まっている。つまり、現象的にテキストにおける"V着"の働きについてとらえているだけで、なぜ「描写/情状」なのかについては触れていない。地の文と会話文を区別して述べるレベルにも達していない。さらにこの問題に関する実例に即した詳しい分析もされていない。本章では以上の問題点を明らかにしたいと考えている。

2. "V着"の機能的な使用実態

地の文において、語り手（作者、三人称小説）は一般に過去の出来事を出来事順に語っていく。ある場合は出来事を継起的に述べ、ある場合は継起的な述べ方をやめて同時的な視点から出来事を観察する。この場合は、"V着"のかたちを一般的に選択する。特に地の文では"V着"の使用が目立っている。地の文は、基本的に会話部分との関連で書かれるものであるが、ある場合は場面状況の描写であり、ある場合は場面解説（説明・意見）であり、ある場合は出来事の叙述である。以下はこのような場合に用いられる"V着"の働きについて考察する。

2.1 "V着"の様々な表れ方

すでに述べたように、"V着"はアスペクトの意味として基本的に「継続」

47

中国語の"Ｖ着"に関する研究

を表すが、またさらに動作の継続を表す場合と結果の継続を表す場合に分かれる。前者には"動態"という意味特徴があり、後者には"静態"という意味特徴がある。ここで、前者を動的な場合、後者を静的な場合と呼ぶことにする。

2.1.1 動的な場合

　動的な場合は基本的に動作動詞と現象動詞と思考・心理活動動詞に限られる[3]。地の文においては、語り手(書き手)は、動作の継続というアスペクトの意味を動的な状態として現象的にとらえることによって、"Ｖ着"はその文に状況描写という性格を与える。この場合、以下のような特徴がある。

　(A)主体が人である場合、動作動詞などの前に副詞的な修飾語、またはそれに準ずる連用修飾的なものが使用される傾向にある。

- (4)　石敢却是长时间的不吭声，探究的、陌生的目光冷冷地盯着乔光朴，使乔光朴很不自在。老朋友对他的疏远和不信任叫他心打寒战。(乔厂长上任记)
- (5)　他一时没有回答，激动地端起茶碗，大口地呷着，像是十分口渴似的。(红岩)
- (6)　溥仪起身，懒洋洋地走到百宝格前，毫无目的地摆弄着架上的娃娃、泥人等玩具。(末代皇帝)
- (7)　整个下午，许宁就倒在铺上睡去了；卢嘉川靠着墙坐在铺板上默默地沉思着——他思考着整个示威团的命运和动向。(青春之歌)
- (8)　他知道在这个公馆里至少还有一个人是爱他的。这个少女纯洁地、无私心地爱着他，时时刻刻都在为他祝福。(家)

　例(4)(5)(6)(7)(8)の"盯着/呷着/摆弄着/沉思着・思考着/爱着"には、それぞれ"冷冷地/大口地/毫无目的地/默默地/纯洁地、无私心地"というような修飾語

48

がかかっている。これらの修飾語によって、その動作がどんな仕方またはどんな状態（状況）で行われるのかが描き出されている[4]。またこのような修飾語が用いられる場合には、"V着"というかたちで文を自然に終結させることができる。語り手(作者)はやはり動的な場合として現象を全体的にとらえている。

(9) 余新江心里有事，急促地走着。可是，满街光怪陆离的景色，不断地闯进他的眼帘。(红岩)

(10) "颠倒了，倒过来了……"老寿捏着早已熄灭的旱烟杆，喃喃着。(剪辑错了的故事)

(11) 他旁边那个妩媚秀丽的姑娘则神情快乐，正侧脸用迷人的目光望着乔光朴，甜甜地笑着。仿佛她胸中的幸福盛不下，从嘴边漫了出来。(乔厂长上任记)

さらに次の例のように、動詞の重畳形や同類動詞の併置によって、連続的な動的状態を描き出し、一層状況描写という性格を強く映し出している。

(12) 除了那个惊呆了的女医生的亲戚外，屋里的人，没有一个打算从将军手上夺下拐棍。拐棍在半空中巍巍地颤抖着、颤抖着。(小镇上的将军)

(13) 这个满头大汗的人，大声嚷嚷着，想从人群中分出一条路来。(小镇上的将军)

(14) 把父母气坏了，关起房门又骂又打。她哭着，闹着，在地下滚着，把银元抛撒一地。(被爱情遗忘的角落)

(15) 时间仿佛静止了，每一分，每一秒都像抻长了似的。我忐忑不安地期待着，盼望着，我甚至后悔，没有跟妈妈一起去…(轮椅上的梦)

(B) 主体が人である場合、人がその場面でどんな行動をとっているのかに

49

中国語の"V着"に関する研究

ついて特徴的に述べる場合が少なくない。これを仮に「特徴づけ」と呼ぶこ
とにする。

(16) 老寿坐在窝棚前的地上，**抱着**膝盖，**摇晃着**身子，**嘴里喃喃着**什么，
像傻了一样。(剪辑错了的故事)

(17) 老甘没有说话，他**环顾着**大家，又仔细地**看着**一件件的东西，最后
说："老爷们，革命的衣食父母，你们对革命的贡献，党是不会忘记
的。"(剪辑错了的故事)

(18) 他**拄着**一根闪闪发亮的茶木拐棍，一瘸一跛地**迈着**节奏均匀的步
子，从这条街的东头到西头，又从那条街的南头走到北头。(小镇上
的将军)

(19) 这个人就是周炳的同年表姐区桃，**穿着**碎花白夏布短衫，白夏布长
裤，滤油木屐，**踏着**清脆的步子，走进三家巷来。她的前胸微微挺
起，两手匀称的、富有弹性地**摆动着**，使每个人都想起来，自己也
曾有过这么一段美妙的青春。(三家巷)

(20) 老寿："跃进不跃进，我不在行，我就想让虫子少咬一个梨。"
白天他爬上爬下**包着**一个一个的小梨头。晚上就坐在小窝棚前面，**望
着**一天的繁星。有时，这里那里会点起一溜气灯:有人在挑灯夜战。
老寿一个人**吧嗒着**早烟，这时候，他才觉出自己心里有忧，有愁，
还不知道为什么有点伤心。(剪辑错了的故事)

例(16)は、主体"老寿"の"窝棚前的地上"における行動の特徴を三つの
"V着"で現象的に描き出している。例(17)(18)(19)(20)も、例(16)と同じく、
"V着"によって主体の行動を特徴付けている。

ところで、動的な場合は、必ずしも修飾語(またはそれに準じる連用修飾
語的な語句)が必要であるということではない。場面や文構造などによって
様々なバリエーションがありうる。たとえば、次の例である。

50

地の文における"V着"のふるまい

(21) 她像一朵半开的莲花，看着四周的风景，心理笑着，觉得一阵阵的
小风都是为自己吹动的。(离婚)

例(21)は、"V着"の前に修飾語がないが、やはり主体の行動・心理活動を
状況描写としてとらえている。修飾語があるかないかということは、使えるかど
うかの決め手にはならない。ここでは一つの特徴として述べているだけである。

(C)自然現象や動物の行動を描き出す場合にも主体が人である場合と同様、
上記のような、動的な場合の用法がある。この場合、比喩、擬人などの描写
話法が頻繁に多用される。

C-1 自然現象を描き出す場合

この場合、「風、雨、霧、雷、星、月、日」などが代表的な自然現象である。
このほか、植物などの観察もこの中に入る。

(22) 风吹弯了路旁的树木，撕碎了店户的布幌，揭净了墙上的报单，蒸
昏了太阳，唱着，叫着，吼着，回荡着;忽然直驰，像惊狂了的大精
灵，扯天扯地的疾走;(骆驼祥子)

(23) 南风吹过来了，像一个调皮的娃娃，在麦子梢上打着滚儿。(艳阳天)

(24) 现在，果林里的鲜花正在盛开，火红的桃花，雪白的梨华，娇艳的海
棠花，楚楚动人樱桃花，都开得笑盈盈地;万紫千红，飘荡着浓郁的
花香。(潍河上的春天)

(25) 大槐树长着圆形的枝盖，挂满了黑绿色的叶子，开着一串串白中透
黄的花朵，散着幽香。(艳阳天)

(26) 夜雨滴到天明，空中荡漾着乳白色的雾气。雨丝微斜地飞着，把庭
院中的盆花和檐前的一列芭蕉浇洗得更青翠可爱了。(人间人)

(27) 满天的星斗，好像心神不定地跳动着。风，在树林子里边躲藏了一
天，这会儿悄悄地溜出来，无声地溶解着闷热，散发着清凉。(山水
情)

51

中国語の"Ｖ着"に関する研究

　この場合、擬人的な手法が頻繁に用いられ、読者に動的な現象的言語環境を与える。このような用法は、場面作りの作業として特に小説の冒頭や段落のはじめに使われることが多い。

C-2　動物の行動特徴を描き出す場合
　ここでは、鳥類・家畜・獣・昆虫などの動きを指す。

(28) 银灰色的松鼠像阵轻风吹过树丛，**甩动着**毛茸茸的尾巴，**瞪着**红豆般的眼睛，好奇地看着溪边新来的林间居民。(皖南事变)

(29) 可是到了春夏的时候，柳丝漫舞起来的绿波，同时百鸟**歌着**不同样的天然的妙趣，鸣蝉大放起自己的喉咙，(鸭绿江上)

(30) 小牛呢，**摇着**尾巴，伸出舌头，舐舐这舐舐那，(新事新办)

(31) 一条大黄牛懒洋洋地站在它的木桩跟前。它有时向左边，有时向右边，弯曲着它的脖子，伸出长舌头，**舐着**身上闪着金光的茸毛。(创业史)

(32) 大群温柔的杂色母鸡，跟着一只傲慢的公鸡，在土场上一个很大的柴垛根底，认真地**刨着**，**寻找着**被遗漏的颗粒。(创业史)

(33) 一只矫健的苍鹰，缓缓地**拍击着**翅膀、敖翔在清晨的碧空，它在这阴森荒凉的山谷间盘旋，盘旋，(红岩)

(34) 隔溪的草堤上，萤火虫像人们夜游的灵魂似的**散飞着**。萤绿的光亮，一闪一闪的反映在溪水里，同倒映的月光浮在一起，宛如天上的繁星一样，跟着水面的流动而闪熠着。(白眼老)

　C-2もC-1と同じように、状況描写に用いられている。どちらも動的な現象を観察したまま描き出しているので、場面作りに役立っている。

2.1.2　静的な場合
　静的な場合は、基本的に変化動詞と少数の属性動詞が使われる[5]。

52

地の文における"V着"のふるまい

ここでは、基本的に結果の継続をアスペクトの意味とするので、常に静的にとらえ、眼前にある現象を観察したまま表現するのに用いられる。修飾語の使用は動的な場合ほど多くない。

(35) 将军对着小兵跑去的方向，以标准的立正姿势**挺立着**，胸脯强烈起伏。(小镇上的将军)

(36) 这人是甫志高，**穿着**一件半旧的蓝布长袍，比送江姐上船时瘦了一些，装束也朴素了一些。(红岩)

(37) 思路突然中断。丁长发锐利的目光，发现楼口边似乎有人影晃动，他立刻离开牢门，回到自己的地铺，一动也不动地**坐着**，监视着牢门附近的响动。(红岩)

(38) 他走出梨园，就看见村道上一溜**停着**四挂大车，装满了粮食，插满了彩旗。头挂车的辕马头上，还**顶着**一朵红花，车上拉了一条横幅，上写"荣缴高产粮"车上还**放着**全套锣鼓家什。(剪辑错了的故事)

また、静的な場合も、動的な場合と同じように、よく人や物や自然現象の特徴を描き出すのに用いられる。

（A）自然現象に使われる場合

(39) 阴历九月中旬，石榴已经长得烂熟了;有的张**开着**一条一条的娇艳的小口子，露出满腹宝珠似的水红色的子儿，(行军散记)

(40) 大槐树长**着**圆形的枝盖，挂满了黑绿色的叶子，开**着**一串串白中透黄的花朵，散**着**幽香。(艳阳天)

(41) 前几天的宿舍还没消融，**映着**月光，白皑皑的照得聚义厅前那片广场如同白昼一般;夜来的朔风又把这满地的残雪吹冻了，(豹子头林冲)

(42) 草叶上的露珠像珍珠一样闪烁着。河面上**躺着**一根金色的光住，一个拉长了的太阳。(大风)

(43) 早晨的太阳，像牛车轱辘那么大，像溶化的铁汁一般艳红，带着喷

53

中国語の“Ｖ着”に関する研究

薄四射的光芒，从正东方的岭脊上，从若有若的薄雾中闪出来了。它
照着蒙了一层白呼呼的严霜的高原，照着在高原上肃静无声、匆匆前
进的千军万马。(李自成)

　例(39)の“Ｖ着”は石榴の現在の特徴を述べるのに使われている。また例
(40)～(43)の“Ｖ着”も例(39)と同じように状況描写に用いられ、それぞれの
場面の情景を描き出すのに用いられている。

（B）物に使われる場合

(44) 那船刻着两个交颈鸳鸯，两边短短的红阑，玻璃长窗，蓬盖上罩着绿
　　　油大卷蓬，两边垂下白绫飞沿，中舱靠后一炕，炕下月桌可坐七八
　　　人。(花月痕)

(45) 只见他去不多会儿，从屋里装出一袋烟来。那烟袋足有五尺多长，
　　　安着个七寸多长的菜玉烟袋嘴儿，那烟袋嘴儿上打着一个线算盘疙
　　　瘩，烟袋锅儿上还挑着一个二寸来大的红葫芦烟袋荷包，里面却不
　　　装着烟，烟是另搁在一个笸箩儿里。(儿女英雄传)

　例(44)の“Ｖ着”は船の特徴を描き出しており、例(45)の“Ｖ着”は“烟袋”
の特徴を観察したまま述べている。また次の例(46)(47)(48)の“Ｖ着”は、部屋
の中の家具などの配置関係を述べることによって部屋を特徴付けている。

(46) 屋里，右首白粉墙壁上有两个斗大的楷书大字，一个是“廉”，一
　　　个是“节”。房间当中摆着两张并起来的方桌子。桌子上放着两盏
　　　玻璃罩子灯，一口乳白洋漆小座钟，白漆掉了的地方露出了生锈的
　　　铁皮。桌子的周围，墙壁的近旁，横七竖八，放着好多椅子、高凳
　　　和长凳。(山乡巨变)

(47) 这是间比我们“家”还小的土坯房，一铺火炕就占有了半间。泥地扫
　　　得很干静。……屋里没有什么木制家具，台子凳子都是土坯砌的。靠

54

地の文における"V着"のふるまい

墙的台子还用炕面子搭了两层，砌成橱柜式样，上层拉着一块旧花布作帘子。所有的土坯"家具"都有棱有角，清扫得很光洁。土台上对称地**陈列着**锃亮的空酒瓶和空罐头盒作为摆设。炕上**铺着**一条破旧的毡子，一床有补丁的棉被和几件衣裳——还有娃娃的小衣裳——整整齐齐地叠放在上面。(绿化树)

(48) 这是一间幽雅的书斋，同时又是舒适的寝室。窗前**放着**一张小书桌，桌上左边堆了两叠布套的线装书，右边**放着**一个碎瓷花瓶，**插着**两三枝娟制的菊花。中央**放着**一个细瓷笔筒。靠花瓶的这一边有一方端砚，盖子上**刻着**一幅"赤壁泛舟"图。另外还有一个碧绿色的水盂。靠线装书的这一边**放着**一个檀香盒子，里面还焚着檀香，使屋里的空气中含了一点香气。左边墙上**挂着**四张恽南田底花卉屏还有一副对联是她底父写的。(死去的太阳)

（C）人に使われる場合

この場合には、姿勢や表情などの人そのものに対しての部分的、または全体的な特徴づけもあるし、また服装などの人に対しての外観的な特徴付けもある。

(49) 鸣凤，是一个十六岁的少女，脑后**垂着**一根发辫，一件蓝布棉袄**裹着**她的苗条的身体。瓜子形的脸庞也还丰满，在她带笑说话的时候，脸颊上现出了两个酒窝。(家)

(50) 他那样老相，满脸皱纹，头发斑白，**穿着**件破烂黑污的汗衫，腰间**围着**块补满补丁的蓝布围裙，像个近五十岁的钉鞋匠；手指又短又粗，布满干燥裂缝的硬茧，握手时那样拘束，像个山里人。(夜与昼)

(51) 许云峰迎着敌特的目光，一动也不动。在重庆工作多年，敌人收集到一些零碎的情报，丝毫也不奇怪。他仍旧凛然不动地**静坐着**，不时看看窗外的山城夜色。(红岩)

(52) 她的刘海细细地**垂在**前额的正中，像一绺黑色的丝带，白玉般的脸

55

中国語の"V着"に関する研究

蛋儿泛着天然的轻微的红晕，衬着一头柔软的黑色的头发，格外鲜明。(三家巷)

例(49) の"V着"は16歳の少女の特徴(髪の形、服装)、例(50) の"V着"は服装、例(51) の"V着"は姿勢、例(52) の"V着"は彼女の表情をそれぞれ特徴として描き出している。

わずかではあるが、次のように同一動詞の繰り返しのかたちでの"V着"の用法もある。

(53) 虽然出自广播员的口，仿佛又发自他们的胸臆，直到广播员播完了许久，许久，三人还是呆呆地站着，站着，可是三人的心间，却升起巨大的希望……(剪辑错了的故事)

地の文における"V着"の機能的な使用状況は、以上(2.1)の考察によって特徴的な結論が得られたと言えよう。"V着"は、基本的に地の文における個々の場面作りという作業に参加している。それによって、その場面においての自然現象や人や物や動物などを特徴づけ、眼前にあるものとして観察したまま描き出す。このような使用過程の中で、語り手は"V着"を述語とする文を状況描写に専念させている。本章は、このような"V着"の地の文における働きを「状況描写」と呼んでいる。しかし、以上の考察では"V着"が使われる実態を明らかにしただけで、なぜ「状況描写」という働きがあるのかについてはまだ触れていない。次の節ではこれについての論考を加える。

2.2 状況描写を表す理由

周知のように、語り手によって小説のなかで臨場的に今まさに眼前に出来事が起こっているように、それぞれの場面での出来事や風景などが継起的または同時的に描き出される場合が多い。同時的な場合は、前述したように"V着"が同時形として頻繁に用いられている。なぜ"V着"が頻繁に使われる

のかというと、前にも述べたように、"V着"には「状況描写」という働き
があり、場面作りに適応しているからである。またなぜ状況描写に使われる
のかというと、それは"V着"がはじめもおわりも切り捨てて継続中の断片
をとらえるからである。

　継続というアスペクトの意味によって"V着"を述語とする文に状態性を
持たせる。また、この状態性を通して"V着"を述語とする文に状況描写と
いう機能が与えられる。さらに"V着"の継続という意味の下位分類（動作
の継続と結果の継続）によって、その状態性が動的な状態と静的な状態の二
つに分けられる。動的な場合は"V着"を述語とする文に動的な状況描写機
能を持たせ、静的な場合は"V着"を述語とする文に静的な状況描写機能を
持たせるのである。つまり、状況描写という機能は、継続（同時形）⇒状態
(動態・静態)⇒状況描写という連鎖的な意味移行の結果である。この意味移行
を次の表にまとめることができる。

[表]"V着"の連鎖的な意味移行

継続 →	状態 →	状況描写
(アスペクトの意味)	(観察者のとらえ方)	(テキストでの機能)
↓	↓	↓
動作の継続 →	動的な状態 →	動的な状況描写
結果の継続 →	静的な状態 →	静的な状況描写

これについてさらに例(54)(55)で説明してみよう。

(54) 他那朦胧的两眼，一动不动地望着一个地方，可以半天也不改动一
　　　下姿态。只是偶尔翕动着嘴，象是在跟别人说话，有时也举起那须
　　　眉全白了的头，看看树上的枣儿是不是有红了的。(剪辑错了的故事)

中国語の“V着”に関する研究

(55) 她们披着漂亮的舞蹈服装，绣花被面暂时变成了舞衣，闪着大红大
绿的丝光，十分优美好看。江姐也出来了，走在扶着手杖的李青竹旁
边。江姐穿着整洁的蓝旗袍，上身罩着红绒线衣，苍白的脸上，带
着兴奋的微笑，透出了淡淡的红润。 （红岩）

　アスペクトの意味からみれば、例(54)は動作の継続を表しているのに対し
て、例(55)は結果の継続を表している。しかし、二例はどちらも状態（動態・
静態）的に眼前の現象を観察したままとらえている。ひとつは動的な場合で
あり、もうひとつは静的な場合である。またどちらもアスペクトの意味から
状態へ、さらに状況描写へと「意味移行」をしていると考えられる。具体的に
言えば、例(54)は“他”の表情（目や口）を描き出すためであるが、例(55)
は“她们”“江姐”の服装の特徴を描き出すのに用いられている。両方とも
（場面作りの中で）読者の登場人物に対する理解の度合いを高めるための情
報提供に使われている。
　以上の考察から「状況描写」については、現段階で仮に次のように定義する。

> [仮説] 状況描写とは 語り手の観察によって人や動物や物などの、その
> 場面における状況を特徴的または適確に描き出すことを指す。

3. “在V”と“V着”の機能的な違い

　“V着”の“着”を動詞の形態として認めるのであれば、“V着”で表し
ているのはアスペクトの意味であるということになる。従って、“着”が付
着することによって動作の内部時間構造(すがた)を指し示すということにな
る。一方、“在V”の“在”を副詞と認めるのであれば、“在V”で実現し
ているアスペクトの意味は間接的である。というのは、修飾語“在”の外部
規定[6]によって動作が実現しているからである。つまり、“在V”と“V着”
とは同じ次元のものではないということである。また結果論を重視すれば、

58

動作の継続を両方とも実現しているということを認めるのも一つの考え方になるであろう。一方、地の文の中で"V着"という内部規定によって継続から状態(動態・静態)へ移行するのに対して、"在V"という外部規定によって継続から(動作・変化の)進行へ移行する。従って"在V"が用いられる場合は、基本的に「動作・変化の継続⇒動作・変化の進行⇒動作・変化の叙述」という意味移行が行われるという特徴がある[7]。

(56) "楼六室放风！"特务干涩地叫了一声，又在开动铁门。(红岩)

(57) 乔光朴不回答，腮帮子上的肌肉又鼓起一道道棱子，他又在咬牙帮骨。(乔厂长上任记)

(58) "对！对！"老寿边说边朝老韩看看。老韩低着头在吸烟，没搭腔。(剪辑错了的故事)

この三つの例では観察者によって主体の動作が出来事の順に語られている。例(56)(57)(58)は動作動詞の場合で、動作の継続から動作の進行へ、さらに動作の叙述への連鎖的な移行と考えられる。"在V"の動作・変化の叙述を定義すれば、主体の動作について出来事の順を追って同時的な視点から述べることであるということになろうが、この場合、"V着"の前に使われるような修飾語の使用が非常に少なく、出来事を伝えることに専ら関わっている。そのため、"都、又、还、也、全"のような副詞が"在"の前に使われる場合が多い。地の文における機能的な違いによって次のような使い分けがよく見られる。

(59) 有的在给房东挑水，有的正在打扫院子，有的正在帮着乡亲们推碾子，碾子上铺着刚刚收下的金灿灿的谷子。(轮椅上的梦)

(60) 觉慧看见倩儿的背影在梅林的另一端消失了。便迈起大步子，向着鸣凤走去。他看见鸣凤正在折一枝往下垂的梅花。（家）

中国語の“V着”に関する研究

　例(59)は、想像の中で、自分が賑やかな村に来て村で見たことを述べている。“(正)在V”で兵士たちの忙しいすがたを三つの動作によって表している[8]。ここでは、進行中の動作としてとらえているので、“(正)在V”を使っているが、もし“V着”に言い換えれば、動態としてとらえるということになる。特に“有的在给房东挑水”を“有的给房东挑着水”に言い換えれば、意味のずれが生じる。“在V”の場合は、水を汲むためにバケツを持って井戸／川へ向かっている場面も、水を井戸／川から汲んでいる場面も、水を運んでいる場面も、汲んできた水を水がめに入れている場面も可能になる。それに対して、“V着”の場合は、大家さんのために(バケツの中に入っている)水を運んでいる場面になる。これこそが進行としてとらえるのか、状態としてとらえるのかの違いである。つまり、進行の場合(在V)、幾つかの非均質的な段階があることが許されるが、状態としてとらえる場合(V着)、均質的な一段階に限られる。また、次の例では前文は出来事の順を追っての動作の叙述であり、後文は状況描写である。

　(61) 觉慧从祖父的房里出来。他先到觉新的房里。觉新正在跟瑞珏谈话，两个人的脸上都带着愁容。（家）
　(62) 万淑华正在井台上洗衣裳，肥皂沫子在她的两只手上翻着花。(金光大道)

　例(61)では“觉慧”が“觉新”の部屋に行って“瑞珏”と話しているのが“觉新”の目に入った。そして“瑞珏”と“觉新”を観察して後文を評価的に書き出している。例(62)も語り手の観察によるものであるが、前文は動作の進行のほうに重点を置き、後文は両手にくっ付いた石鹸の泡を描写している。また次の二例の“V着”は“(正)在V”に言い換えれば、文前後との関係もあって文意がおかしくなる。

　(63) 过了几天，小陈又到重庆大学去。刚走进华为那间摆着一二十张双

地の文における"V着"のふるまい

层床的宿舍，便看见那个常到书店的青年，躺在黎纪纲的床上，**拿着本书，专心一意地读着。**（红岩）

(64) 觉民和觉慧从张家出来，已经过了十一点钟，街上还很热闹。他们走在街心，**踏着石板路，看着两旁灯烛辉煌的店铺和酒馆**，觉得心里轻松许多，刚才的事情好像只是一个凄楚的梦。(家)

　例(63)の"拿着"は静態としてとらえているので"在V"にはならない。後の"读着"は前の"拿着"及び修飾語"专心一意地"との関係で、筆者の語感では置き換えないほうがいい。例(64)は、もし"在V"に言い換えたら、前文には点的な動作の連続のニュアンスがあり、後文は、状態性が薄くなる。この原因を追究すれば、やはりどちらに重点を置くのかというところに辿り着くだろう。状態としてとらえる場合は、"V着"が用いられ、進行としてとらえる場合は、"在V"になる[9]。また次の例は両方が一つの文の中に用いられている場合である。

(65) 警察局长一转头，突然呆呆地望着邻桌正在喝茶的老太婆，他大吃一惊，朝后一退，把椅子也绊倒了。（红岩）

(66)*警察局长一转头，突然在呆呆地望邻桌喝着茶的老太婆，他大吃一惊，朝后一退，把椅子也绊倒了。

　例(65)を例(66)のように言い換えると、文として不自然になる。一方、地の文に使われる"在V"と"V着"には基本的な使い分けがあるものの、現実の言語生活の中では中和する現象も起っている。例(67)(68)はそういう例である。二つの形が同時に一つの文に使われているので両方の意味があると考えられるが、状況描写へ傾いている場合が多い。

(67) 他一双火力十足的眼睛不看别人，只盯住手里的香烟，饱满的嘴唇铁闸一般紧闭着，里面坚硬的牙齿却**在不断地咬着牙帮骨**，左颊上的

肌肉鼓起一道道棱子。(乔厂长上任记)

(68) 他一进店，就注意到，在一个书架旁边，果然有个头发长长、脸色苍白的青年，正在聚精会神地读着一本厚书。看来他已经站了很久了，瘦削的脸在灯光下更显得阴郁晦黯。(红岩)

　次にあげる例(69)は、"(正)在V"が使用されているが、明らかに状況描写に用いられているものである。ただ例(69)は「赤色への変化」と「緩やかに沈みつつある」というところに視点を置いていると推定できる。このような現象は、また両者がそれぞれ独自の守備範囲を持ちながら重なり合う部分もあることを示し、その複雑さを物語っている。

(69) 黎江站起身来，看到晚霞正在染红白云，夕阳正在一片浓浓的寂静中缓缓下沉。他希望自己变做一匹自由的奔马，在金光灿灿的晚霞里跑向遥远的鲁西平原。(轮椅上的梦)

　なお、"没(有)V着"を述語とする実例は、今回地の文から採集することはできなかった。これに対して、"不V着"の例が一例あった。"没(有)V着"に言い換えても不自然ではなく、地の文も会話文と同じく使用可能であるものの、(70)のような用例は極めて少ない。

(70) 那烟袋足有五尺多长，安着个七寸多长的菜玉烟袋嘴儿，那烟袋嘴儿上打着一个线算盘疙瘩，烟袋锅儿上还挑着一个二寸来大的红葫芦烟袋荷包，里面却不装着烟，烟是另搁在一个笸箩儿里。(儿女英雄传)

4. おわりに

　本章は、地の文を中心に"V着"を動的な場合と静的な場合に分類し、"V着"の機能的な使われ方について実例をあげて考察した。その結果、地の文における"V着"の機能的な使用実態が明らかになり、

地の文における"V着"のふるまい

状況描写という機能がアスペクトの意味から連鎖的な意味移行の結果に生じることを明らかにした。

　動的な場合は、基本的に動作動詞、現象動詞、思考・心理動詞に限る。動作の継続というアスペクトの意味を動的な状態にとらえ、その文に動的な状況描写性が現れる。この場合、修飾語またはそれに準じる修飾語的な語句が使用されることが多い。それによって、その動作がどんな仕方で、またはどんな状態や状況下で行われるのかを、一層描写的に写し出すことができる。

　静的な場合は、基本的に変化動詞である。この場合は、基本的に結果の継続をアスペクトの意味にとらえているので、常に静的な状態性を持っている。従って状況描写への意味移行は動的な場合より簡単になる。

　また、本章では動的な場合にも静的な場合にも行動の特徴づけという用法がよく使われることを明らかにした。前者は、どのような行動を一時的にまたは習慣的に取っているのかを描き出すことによって主体の行動を特徴づけている。これに対して、後者は述べられる対象の特性や周りの状況を具体的に描き出すことによってその述べられる対象を特徴付けている。後者は使用範囲が広く、用法も多彩である。

　さらに本章は、地の文で"V着"と"在V"の機能的な使い分けについてある程度明らかにした。"在V"の場合は、動作・変化の継続⇒動作・変化の進行⇒動作・変化の叙述というプロセスを重視しているので、意味移行の過程において用法上の違いが生じる。

注

1)テンス・アスペクトについては奥田靖雄(1993)の説に従う。テンスは、話し手の「はなす」のモメントを基準にして「はなす」のモメントより以前か以後か同時かを表しているのに対して、アスペクトは、動作（変化・状態）の内的な時間構造の相違を表している。また、"着"については、進行貌(王力1943)、方事相(呂叔湘1944)、进行体(高名凱1948，王松茂1981，俞敏1983)、非完整体(戴耀晶1997)のように考察されている。これに関する詳しい説明は、王学群(1998)と本章の第2・3章、陸倹明(1999)

63

中国語の"Ｖ着"に関する研究

を参照されたい。なお、"Ｖ着"のアスペクトの意味に関する筆者の考え方は、陸倹明(1999)が《着(ZHE)字补议》で述べた"我倾向于把　着　的语法意义表述为：'行为动作或状态的持续'。'行为动作的持续'是　动态的持续，'状态的持续'是一种静态的持续。"という考え方と基本的に同じである。筆者の動作の継続は"行为动作的持续"に相当し、結果の継続は"状态的持续"に相当する。ただ筆者が「継続」という用語を使っているのは、動作が中断することなく連続的に行われるほか、断続的に行われる場合もあり得るからである。

2)刘宁生(1985)・荒川清秀(1985)・神田千冬(1989)は劉月華らと同じ見解に立っている。

3)筆者は、"切、割、炒"のような主体の動作を表す動作動詞と、"断、塌、裂"のような主体の変化を表す変化動詞と、また　"想、思考、希望、羡慕、恨"のような主体の思考や心理を表す思考・心理活動動詞とに分類する。

4)例(4)は動きの少ない動作で、例(5)(6)は動きがあると判断しやすい動作で、例(7)(8)は抽象的かつ心的な場合であるので目に見える動きがない。しかし、例(4)も例(5)(6)も例(7)(8)もその動作または活動が継続中であることは間違いない。このような場合を、本章は動的な場合として認める。

5)変化動詞は「注3」を参照されたい。属性動詞は"在、有、属于、是"のような動詞を指す。変化動詞は動的な場合もあるが、限られている。例えば、"树叶不断地往下落着。"は、動作的ではないが動的な変化をとらえている。

6)"着"は動詞の語尾として動詞に付着して動作の時間的な内部構造を指し示すカテゴリーとして用いられ、"在"はアスペクトの形態論的な文法的カテゴリーではなく、修飾語として動作に関係している。筆者はこのような違いを考慮に入れ、前者を内部規定、後者を外部規定と呼ぶことにする。

7)"附着"という意味の"着"から現在の"着(zhe)"への変化過程を考えれば、"Ｖ着"の意味移行のプロセスは"着"のそういう通時的な問題とも絡んでいることは否定できない。これに関する詳しい説明は、陸倹明(1999, p334)、陈刚(1980)を参照されたい。

8)"在Ｖ""正在Ｖ""正Ｖ"という三つの形があり、それぞれ異なるところがある。たとえば、例(56)(68)(69)は互いに言い換えないほうがよかろう。この問題は本章の

64

地の文における“V着”のふるまい

考察対象ではないので稿を改めて述べることにしたい。

9)よく耳にする日本語文＝「何をしてるの？」は、“你在干什么?”に訳されるのが一般
　的だが、“你干着什么?”には訳されない。この文は話し手がどんなことをやってい
　るのかに重点を置くので、内部規定の“V着”を使わないからである。

例文の出典

《末代皇帝》　　　　(1990)　王树元《中文新文艺大系 电视集(1976-1982)》

《司机王宝》　　　　(1990)　陈爱民《中文新文艺大系 电视集(1976-1982)》

《乔厂长上任记》　　(1986)　蒋子龙《中文新文艺大系 短篇小说集(1976-1982)》

《剪辑错了的故事》 (1986)　茹志鹃《中文新文艺大系 短篇小说集 (1976-1982)》

《小镇上的将军》　　(1986)　陈世旭《中文新文艺大系 短篇小说集(1976-1982)》

《被爱情遗忘的角落》(1986) 张弦《中文新文艺大系 短篇小说集 (1976-1982)》

　　　　　　(以上は中国文联出版公司によって出版された作品である。)

《离婚》　　　　　　(1986)　老舍《老舍文集》人民文学出版社

《白眼老》　　　　　(1983)　巴人《巴人小说选》人民文学出版社

《创业史》　　　　　(1960)　柳青 中国青年出版社

《鸭绿江上》　　　　(1982)　蒋光慈《蒋光慈文集》上海文艺出版社

《皖南事变》　　　　(1987)　黎汝清 上海文艺出版社

《山水情》　　　　　(1984)　浩然《浩然选集》百花文艺出版社

《人间人》　　　　　(1964)　靳 以《靳以文集》人民文学出版社

《艳阳天》　　　　　(1964)　浩 然 作家出版社

《夜与昼》　　　　　(1986)　柯云路 人民文学出版社

《骆驼祥子》　　　　(1986)　老 舍《老舍文集》人民文学出版社

《三家巷》　　　　　(1979)　欧阳山 人民文学出版社

《青春之歌》　　　　(1961)　杨沫 人民文学出版社

《红岩》　　　　　　(1963)　罗广斌 杨益言 中国青年出版社

《家》　　　　　　　(1958)　巴 金《巴金文集》人民文学出版社

《绿化树》　　　　　(1985)　张贤亮《感情的历程》作家出版社

65

中国語の"V着"に関する研究

《山乡巨变》	(1982)	周立波 《周立波文集》上海文艺出版社	
《花月痕》	(1982)	魏秀仁 人民文学出版社	
《李自成》	(1977)	姚雪垠 中国青年出版社	
《豹子头林冲》	(1958)	矛 盾《矛盾文集》人民文学出版社	
《死去的太阳》	(1958)	巴 金《巴金文集》人民文学出版社	
《儿女英雄转》	(1983)	温 康 人民文学出版社	
《新事新办》	(1978)	谷 峪《建国以来短篇小说》上海文艺出版社	
《大风》	(1986)	莫 言《透明的红萝卜》作家出版社	
《行军散记》	(1959)	叶 紫《叶紫选集》人民文学出版社	
《潍河上的春天》	(1981)	峻 青《峻青小说选》四川人民出版社	
《牵手》	(1999)	王海鸥 (インターネット図書(www.shuku.net)による)	
《金光大道》	(1970)	浩 然 北京人民出版社(中日対訳コーパスによる*)	
《轮椅上的梦》	(1999)	张海迪 中国青年出版社(《中日对译语料库 第1版 2003》に	

よる。本データベースは"北京日本学研究中心"によって作られたものである)

参考文献

吕 叔湘	(1942)	《中国文法要略》(商务印书馆1982再版)
王 力	(1944)	《中国现代语法》(中华书局出版)
陈 刚	(1980)	试论"着"的用法及其与英语进行式的比较(《中国语文》1)
刘 宁生	(1985)	论副词"着"及其相关的两个动态范畴(《语言研究》2)
陈 平	(1988)	论现代汉语时间系统的三元结构(《中国语文》总207)
聂 文龙	(1989)	存在和存在句的分类(《中国语文》总第209期)
龚 千炎	(1991)	谈现代汉语时制和时态表达方式(《中国语文》总223)
马 庆株	(1992)	《汉语动词和动词性结构》(北京语言学院出版社)
费 春元	(1992)	说"着"(《语文研究》总43)
郭 锐	(1993)	汉语动词的过程结构(《中国语文》总237)
朱 德熙	(1995)	『文法講義』(杉村博文・木村英樹訳 白帝社)
胡裕树ら	(1995)	《动词研究》(河南人民出版社)

地の文における "V着" のふるまい

沈 家煊 (1995) "有界" 与 "无界"（《中国语文》总248）

张 黎 (1996) "着" 的语法分布及其语法意义（《语文研究》总58）

戴 耀晶 (1998) 论现代汉语的体范围（『開篇』好文出版）

郭 风岚 (1998) 论副词 "在" 与 "正" 的语义特征（《语言教学与研究》2）

陈 月明 (1999) 时间副词 "在" 与 "着"（《汉语学习》4）

陆 俭明 (1999) "着(zhe)" 字补议（《中国语文》总272）

平山久雄 (1959) 北京語の "着" とその接尾する動詞について（『中国語学88』）

木村英樹 (1981) 「付着」の "着／zhe " と「消失」の "了／le"（『中国語258』）

荒川清秀 (1985) "着" と動詞の類（『中国語306』）

C.E.ヤーホントフ (1957) 『中国語学研究叢書 3 中国語動詞の研究』(橋本萬太郎訳
　　1987 白帝社)

村松恵子 (1988) "着" の文法的な意味（『中国語学235』）

劉 月華ら (1988) 『現代中国語文法総覧』（相原茂 監訳 くろしお出版）

玄 宜青 (1989) "着" と "在"（『中国語研究(31)』白帝社）

朱 継征 (1998) 中国語の進行相について（『中国語学』245号）

奥田靖雄 (1977) アスペクトの研究をめぐって－金田一的段階－（宮城教育大学『国
　　語国文』8)

奥田靖雄 (1978) アスペクトの研究をめぐって（『教育国語』53, 54)

奥田靖雄 (1988) 時間の表現（『教育国語』94, 95むぎ書房）

奥田靖雄 (1993) 動詞の終止形その(1)(2)(3)（『教育国語』2, 9/12/13)

鈴木重幸 (1989) 現代の日本語動詞のテンス（『言語の研究』むぎ書房）

鈴木重幸 (1996) 『形態論・序説』（むぎ書房）

高橋太郎 (1985) 『現代日本語動詞のアスペクトとテンス』(秀英出版)

高橋太郎 (1994) 『動詞の研究』（むぎ書房）

工藤真由美(1987) 現代日本語のアスペクトについて（『教育国語』91)

工藤真由美(1989) 現代日本語のパーフェクトをめぐって（『ことばの科学 3』)

工藤真由美(1995) 『アスペクト・テンス体系とテクスト』(ひつじ書房)

王 学群 (1998) アスペクトと動詞の分類 （『語学教育研究論叢15号』大東文化大

中国語の"V着"に関する研究

　学語学教育研究所)

王 学群　(1998)　中国語の"V着"について『千葉商科大学紀要(第36巻第1号)』

　　　(改訂版1999『日中言語対照研究論集・創刊号』白帝社、再改訂版 1999『現代中国

　　　語研究論集』中国書店)

王 学群　(1999)　"V着"のかたちの命令文について『千葉商科大学紀要（第37巻第

　　　2号）』

王 学群　(2000a)　中国語の"V着"についての一考察―思考・心理活動動詞を中心

　　　に―（『中国語論集』白帝社)

王 学群　(2000b)　中国語の"有着"について(『漢語教学研究』総第3号)

　［付記］

　　本章は、『日中言語対照研究論集』(第3号、日中言語対照研究会編、白帝社、2001)
に掲載された論文(「地の文における"V着(zhe)"のふるまいについて」)をもとに加筆・
修正したものです。

第5章
会話文における "V着" と "在(…) V" のふるまい

内容提要

本章就会话句中的"V着"和"在(…) V"的以下4个问题进行了考察。

1. "着"和"在"的语法范畴问题。认为：二者不是一个层面的语法范畴。"着"是动词的一个形态，从内部对其加以时间性的规定，属于内部规定。而"在"是从外部对事态加以时间性的规定，属于外部规定。

2. "V着"和"在(…) V"的使用情况。认为：二者主要在表示动作持续这一用法上有交叉现象。

3. 二者与动词类别的关系。认为："V着"的"V"主要是动作量少的动作动词和变化动词以及心里活动、状态动词。而"在(…) V"的"V"主要是动作动词和少数变化动词以及少数现象动词。

4. 对交叉部分的解释问题。认为：可以用内部规定和外部规定这两个术语对二者交叉部分的异同加以解释。如：可以对"你在干什么?"和"*你干着什么?"从理论上加以解释。

キーワード：内部规定、外部规定、動詞の類、役割分担

69

中国語の"Ｖ着"に関する研究

目次

1. はじめに
2. 形態論レベルでの"着"と構文論レベルでの"在"
3. "Ｖ着"と"在(…)Ｖ"の使用実態
   3.1 動作の継続
   3.2 結果の継続
   3.3 命令文
   3.4 "把…着"構造
   3.5 付帯状況
   3.6 前置詞"在"
   3.7 状況描写性
   3.8 未来(発話時と事件時)
4. "Ｖ着"・"在(…)Ｖ"と動詞の類
   4.1 文の述語に用いられる"Ｖ着"の場合
   4.2 "Ｖ着"の非述語的な用法=付帯状況の場合
   4.3 "在(…)Ｖ"の場合
5. "Ｖ着"と"在(…)Ｖ"についての再検討
   5.1 均質と非均質
   5.2 進行
   5.3 "在(…)Ｖ"文のモーダルな意味
   5.4 動態・静態と進行
   5.5 役割分担
   5.6 内部規定と外部規定による解釈の可能性
6. おわりに

1. はじめに

　本章では小説の会話部分から採集した"Ｖ着"と"在(…)Ｖ"の用例を分析し、会話文における"Ｖ着"と"在(…)Ｖ"が使用される実態及

70

び両者の違いを調べることを目的とする[1]。

両者（“V着”と“在(…)V”）に関しては、以下のいくつかの側面からの先行研究がある。

(1)刘月华(1983)“‘在’的作用在于叙述动作的进行，而不是描写。‘着’的作用主要在于描写。”／(2)金奉民(1991)“‘在’表示‘进行’”，“‘着’是‘状态’的标志。”／(3)木村英樹(1982)「“着”は動作・作用そのもののあり方・姿を問題にし、“在”は全体的一としての動作・作用と基準時との時間的相対関係を問題にするものである。」／(4)藤堂明保・相原茂(1985)“在V”は「主語が、どういう種類の動作・行為をしているのかを、話し手が認定・判断し、それを説明」し、“着”は「アスペクト表現ですから、Vの様態やすがたがどうであるか、Vを凝視して描写するのです。」／(5)陳淑梅(1996)聞き手と答え手の表現意図によって、会話の焦点がずれてしまう点がある／(6)朱継征(1998)「“在”は動詞の外部状況を示す進行相形式で、“着”は動詞の内部状況を示す進行相である。よって、構文上“在”と“着”の使い分けは動詞の内外状況に制約される。動作の外部状況を焦点とする場合“在”を用い、内部状況を焦点とする場合“着”を用いる。」／(7)陈月明(1999)“‘在’和‘着₁’都具有〔延续〕特征，不同的是，‘在’表示活动在进行中，‘着₁’表示动作的持续；‘在’的辖域是整个ＶＰ，‘着₁’的辖域是动词Ｖ；‘在’字句是表述性的，而‘着₁’字句是描述性的。”

以上の諸説ではそれぞれの角度から一定のレベルまで成果を上げたものの、まだ十分とは言えない。朱(1998)の“在”＝動詞の外部状況、“着”＝動詞の内部状況、即ち動作の外部状況を焦点とする場合(在)、内部状況を焦点とする場合(着)という論述は非常に優れているが、それだけでは“他等着谁呢?／他在等谁呢?”という場合の二者の違いは説明できない。また、陳月明(1999)の“‘在’表示活动在进行中，‘着₁’表示动作的持续”の説明は納得するところも少なくないが、しかしどんな場合に“在V”を使うのか、またどんな場合に“V着”を使うのかについては、こ

71

中国語の"V着"に関する研究

の説明から見出すことができない。

2. 形態論レベルでの"着"と構文論レベルでの"在"

　筆者(2001・本書第4章)によると、"V着"の"着"は動詞の形態であって、"着"が動詞＝Vに付着して「V」の内的な時間構造(すがた)を表し、"在(…)V"の"在"は時間副詞であって、"在(…)V"で実現したアスペクトの意味は間接的である。というのは、"着"はアスペクトの形態論的なカテゴリーとして用いられ、"在"はアスペクトの形態論的な文法的カテゴリーではなく、修飾語として外からそれに間接的に関係しているからである。筆者(2001・本書第4章)ではこのような違いを考慮に入れ、前者を内部規定、後者を外部規定と呼んだのである。内部規定の"着"は「V」の内的な時間構造を表し、外部規定の"在"は出来事全体の時間構造を表すとすれば、二者を形態論レベルのカテゴリー("着")と構文論レベルのカテゴリー（"在"）に区別しなければならないであろう。それを証明するように、動詞と"着"の間にほかの成分を挿入することはできないが、"在"と動詞の間に別の成分を挿入してもよい。

　(1) "周艳，我火上还坐着药锅子，钟锐胃病犯了，正吃中药呢。"(牵手)
　(2) "妹妹睡着了？"
　　　 "早睡啦，做梦还在和人吵嘴哩！"
　　　 "你也睡吧，妈妈。"(红岩)
　(3) "我钦佩你，真的，你总是在不断超越自己。"
　　　 "可我不知道这到底是幸还是不幸，有时，我想再回孤岛，过那种
　　　 与世无争的生活。"（都市男女）

　例(1)では動詞"坐"と"着"の間には何も挿入できず、"着"によって"坐"という動詞の内的な時間構造を表している。それに対して、例(2)

72

(3)では"在"と動詞の間にはそれぞれ"和人"、"不断"が挿入されている。この中で"在"はそれぞれ"和人吵嘴"、"不断超越自己"と関係していて、出来事全体の時間構造を表している。この違いが"在"と"着"を同じ次元で扱うことのできない何よりの証拠になる。勿論、"在"を修飾語として"她在笑。"のように「V」にだけ関係する場合もあるし、例(2)(3)のように「V」を中心とする一つのかたまり全体に関係する場合もある[2]。

3. "V着"と"在(…)V"の使用実態

筆者(2001・本書第4章)では、地の文における"V着"の機能的な側面を考察して、"V着"が基本的に「状況描写」に用いられると述べた。しかし、会話文で使用される実態についてはまだ考察していない。本節では会話文における"V着"と"在(…)V"の現れ方を検討して、二者の重なり合う部分を明らかにしたい。

3.1 動作の継続

動作の継続[3]を表す場合、特に文の述語として使われる場合、"V着"も"在(…)V"も使われる。勿論、二者を言い換えられる場合もあるし、できない場合もある(詳しくは後述する)。

(4) 吴越大笑,旁若无人,"这种思维的人居然干着推销员！"(透支时代)

(5) "看看蓝军在干什么！"(突出重围)

(6) 梦妮告诉我,以前安总是在史野外出时来潇洒别墅,"后来发现我在注意他,便改在外面见面。"
"他知道你在爱他吗？"(都市男女)

(7) 梦妮认为,他们改在外面见面显然是为了避开她,因为白楚心恨她,她绝不会让她的表弟和她恋爱。
我认为事情决非这么简单。"你现在还爱着他？"我问梦妮。(都

市男女)

　例(4)の“Ｖ着”と例(5)の“在(…)Ｖ”は言い換えられるが、言い換えないほうがいい。例(6)と例(7)は言い換えてもいいが、例(6)では発話時との関係に注目して進行中の心理活動を外からとらえているのに対して、例(7)では以前からし始めた、今でも継続中の心理活動を内的な時間構造としてとらえている。前後の文脈を考えれば、やはり言い換えないほうがいいだろう。

3.2 結果の継続

　この用法は一般的に主体が変化した後の結果の継続を表すので“在(…)Ｖ”が基本的に使われない。しかし、二側面動詞[4]になると、その用例がある。また、“在(…)Ｖ着”というかたちの用例もある。

(8)　我在她的门上敲了半天，她的门锁着。(话剧《雷雨》)

(9)　“无故迟到，罚酒三杯。”
　　“阿永，你饶我一次，我还空着肚子呢，三杯白兰地下去要醉倒的。”(上海的早晨)

(10)　“铺子都关着门哪！”
　　“就是铁门，我也会把它砸开！”(四世同堂)

　例(8)(9)(10)の“锁着”“空着”“关着”は“在Ｖ”のかたちを作れない。次例(11)は実例であるが、例(12)(13)(14)(15)(16)は作例である。

(11)　“喂！喂！你旁边躺着的男人是谁呀？”(透支时代)

(12)*　“喂！喂！你旁边在躺着的男人是谁呀？”

(13)*　“喂！喂！你旁边在躺的男人是谁呀？”

(14)*　“喂！喂！他们都已经来了，你还在躺。”

74

会話文における "Ｖ着" と "在(…)Ｖ" のふるまい

(15) "喂！喂！他们都已经来了，你还躺着。"

(16) "喂！喂！他们都已经来了，你还在躺着。"

例(12)(13)(14)は非文であるが、例(15)(16)は成立するだろう。"躺" という動詞は人間の姿勢変化を表す変化動詞であると同時に動作動詞でもある。例(16)のように、一定の文構造・文脈に縛られると "在(…)Ｖ着" というかたちで可能な場合もある。次の実例(20)は会話文の用例ではないが、姿勢変化(Ｖ)の実例である。

(17) 我有底还练太极拳干什么？"
     扬手搔了两下门，"太阳照住屁股了，还在睡。"(突出重围)

(18) "太阳照住屁股了，还在睡着。"

(19) "太阳照住屁股了，还睡着。"

(20) 老人仍在坐着，神态安祥，享受着只有森林才能给予他们的幸福。
     (非会話文・中国五十年儿童文学名家作品选)

例(17)は "在(…)Ｖ" の実例であるが、"在睡" というかたちで使われている。勿論、例(18)(19)のかたちでもいいが、"站/坐/躺/跪/蹲" のような二側面動詞は例(17)のようなかたちになりにくい。"她在一点儿一点儿地往椅子上坐/她在一点儿一点儿地往下蹲/跪/躺" のように、"在Ｖ" になると、進行性が全面に表われる。それに対して、睡" は、変化・動作という二側面をセットでとらえるので、ほかの同類の二側面動詞より "在(…)Ｖ" を使う可能性が高い。"站/坐/躺/跪/蹲/睡" などは例(20)のように "在(…)Ｖ着" のかたちをとることができる。

3.3 命令文

この用法は、命令・勧誘などのモーダルな意味が含まれる場合である。

75

中国語の"V着"に関する研究

> (21) 铺主知道是遇见了一个心眼的人，看看钱，看看祥子，叹了口气："交个朋友，
>
> 车算你的了；保六个月：除非你把大箱碰碎，我都白给修理；保单，拿着！"(骆驼祥子)
>
> (22) "岗儿，你等着，我去拿点换洗衣服，一道走！"（红岩）
>
> (23) 茶房懂得这些老板包围顾客的意图，他会意地笑着说："误不了事，你们歇着。"(上海的早晨)

この場合、"在(…)V"を使うことができない。たとえば、例(21)(22)(23)の"拿着""你等着""你们歇着吧"を"在拿""你在等""你们在歇吧"に言い換えれば、非文になるか、命令文でなくなるか、である。

3.4 "把…V着"構造

この構文形態の中には一般に"在(…)V"が使われない。しかし、"在＋把…V着"というかたちでは動作性が強ければ可能である(例27)。

> (24) "老许!成岗热情地呼唤着，把火热的胸膛贴着他。"(红岩)
>
> (25) "…，我拉你回去是要你干活，不是把你当爹来养着的。"（活着)
>
> (26) 李铁伸出手央求道："曹参谋，你给范司令递个话，把剩下的两天存着，演习结束后加十倍惩罚。"（突出重围）

次例は作例であるが、付加成分、文脈の助けがあれば可能である。

> (27) "他在把衣服一件一件地向外扔着，好像把气都出在这些衣服上似的。"

3.5 付帯状況

付帯状況とは本来、たとえば"他笑着对我说。"のような場合だけであ

76

るが、ここでは"炒着吃"のような用法も一緒に見てみる。つまり、「付帯状況」の中に様態・手段・方式・方法などの用法が含まれている場合である。この場合、"在(…)V"というかたちでは使われないが、"在(…)V着"というかたちでは可能な場合がある。"在(…)V着"が作れる場合、"在"は"V着"と直接的に関係するのではなく述語の役割を担う動詞を中心とする「ひとまとまりのもの」に関係する。従って、かたちの上では"在(…)V着"であるが、付帯状況を表すための"在"ではない。

(28) "你闭着眼睛养养神，睡一会，我给你做饭去。"(上海的早晨)

(29) 玉宝妈正在做中午饭，玉宝一进院就喊："妈妈，爹爹给人抬着送回来了！"(高玉宝)

例(27)(28)では勿論"在(…)V"を使うこともできないし、"在(…)V着"のかたちもできない。しかし、次の場合はどうだろうか。

(30) "小余，你刚才睡着了？"

　　　余新江摇摇头，"我闭着眼睛想了一阵。"(红岩)

(31)* "我在闭着眼睛想了一阵。"

(32)* "我在闭眼睛想了一阵。"

(33)* "我在闭想了一阵。"

(34) 我在闭着眼睛想办法。

(35) 我闭着眼睛想办法。

(36)*我在闭眼睛想办法。

例(31)は"在"が"想了一阵"と共起しないので非文である。例(32)(33)はさらに"着"、"着眼睛"が抜けているので例(31)と同様に非文である。例(34)は成立するが、"在"は"闭着眼睛"と共起しているのではなく、"想办法"と共起しているのである。もし"你在干什么？── 我在闭着

眼睛想办法。"というコンテクストがあれば、発話時＝現在において「眼を閉じて方法を考えている」という意味になり、"在"は述語の役割を担う動詞"想"を中心とする"闭着眼睛想办法"全体に関係することになる。例(35)は成立するだろうが、前後のコンテクストがなければ文のテンスが不明瞭になる。例(36)は"着"が抜けているので非文である。"我在想办法。"になれば成立するように、例(36)が非文になるのは"在"に起因するものではない。そうだとすれば、"在(…)V"は付帯状況という用法に使われないという結論になる。

3.6 前置詞 "在"

動作の場所を示す前置詞"在"がある場合、時間副詞"在"は用いられにくいが、"着"は可能な場合が少なくない。

(37) "总经理回来了吗？" "刚回来，在楼上洗脸。"(上海的早晨)

(38) 秦妈妈迈着稳重的步伐，从门外走了进来，笑嘻嘻地对大家望了一眼，惊诧地问道："大攻弄姨伍倭，并两庚灰哼舶韦吵啥？"
(上海的早晨)

(39) 一眼看见立在墙角处的黄兴安，很厌恶他说："你怎么还在这里待着？"(突出重围)

(40) "吃呀！"大家几乎是一齐的喊出来。
"我叫小马儿去，我的小孙子，在外面看着车呢！"
"我去，您坐下！" (骆驼祥子)

例(37)(38)では時間副詞"在"の挿入が許されない。つまり"在楼上在洗脸""在屋里在吵啥"というようにはならない。なお、二例とも進行中の動作を表しているが、動作が進行中かどうかの決め手はコンテクスト(文脈)及び構文の特徴にかかっている。たとえば、"我们在哪儿洗脸? —— 在楼上洗脸。" /"你们俩真是喜欢吵架。也许我走后你们俩又在屋里

会話文における"V着"と"在(…)V"のふるまい

吵架."であれば、動作が進行中であるという意味にならない。ある場所での未来の動作になる。それに対して、例(39)(40)では"着"が使われているので、継続中の動作しか言い表すことができない。

3.7 状況描写性

　例文から見れば、会話文に状況描写を表す用法があるものの、数から見れば非常に少ない。次例(41)の"V着"は状況描写に用いられる場合であるが、話し手は語り手のように出来事を観察し描写している。ただし、3.5節に見られるように、この用法よりこの用法からの派生的用法としての付帯状況のほうが多用されている。

(41) 那一刻, 我真害怕, 但过后又感到真痛快！
　　 "望着浩瀚的大海, 望着辽阔的天空, 我的心里充满了对大自然的热爱。"董志宇的感受无疑是真切的和有代表性的。(中国五十年儿童文学名家作品选)

3.8 未来（発話時と事件時）

　前述した"V着"のかたちの命令文の場合には勿論のこと、それ以外の"V着"の場合にも発話時を基準時とする未来を表す用法がある。それに対して、"在(…)V"の場合には未来を表すことが難しいようである。しかし、事件時を基準時とする場合には可能である。

(42) 华为便机灵地点了点头, 叮咛了一句:"我们在城门口等着。"
　　 顺手提起了江姐那件小小的行车卷。(红岩)

(43) "家里的事呢？""我和阿贵在村里顶着。"(上海的早晨)

(44) 那, 明天我们等着你。

(45) "他好像很失望, 我在说那天晚上, 他似乎一直在等一个人出现, 但那个人始终没来。"(都市男女)

79

中国語の"Ｖ着"に関する研究

(46) 明天你来的时候，我也许在上课。

(47) 明天你来时，我也许上着课。

　例(42)(43)(44)は発話時を基準時とする場合であるが、"在(…)Ｖ"に言い換えると非文になる。例(45)(46)(47)事件時を基準時とする場合であるが、"Ｖ着"でもよい(動詞の類によって"Ｖ着"が使われない場合もあろう。この用法についてはさらに調べる必要がある)。

　以上、３節で述べたことを表にまとめると以下のようになる(3.8節と連体修飾用法はまだこの表に入れてない。"在Ｖ"の連体修飾用法の実例はなかった。"Ｖ着"の実例はあったが、さらに調査する必要がある)。

[表]"Ｖ着"と"在Ｖ"の使用領域

		在Ｖ	Ｖ着	在Ｖ着
文の述語用法	動作の継続	○	○	○
	結果の継続	×△	○	×△
	"把…着"	×	○	×＊
	命令	×	○	×
	状況描写	△	△	△
付帯状況用法		×	○	×
前置詞"在"がある場合		×	○	×

○：用例が多い。×△：用例はあるものの非常に少ない。動詞の種類に制限される。×：使われない。△：使われるが、用例が多く見られない。×＊："在把…Ｖ着"の場合を指す。

　さて、この表から、"Ｖ着"と"在(…)Ｖ"の重なり合う部分は主に文の述語としての用法の中の「動作の継続」とそれに近い用法(二側面動詞の一部分・ものの変化を表す動詞の一部分・自然現象動詞の一部分"下<雨・雪>/刮<风>/打<雷>")であることがわかる。

80

4. "V着"・"在 (…) V"と動詞の類

動詞の類から見ても"在 (…) V"と"V着"には大きな開きが見られる。前者は基本的に動きの少ないものである。それに対して、後者は基本的に動作性の強いもの、またはそれに近いものである。

4.1 文の述語に用いられる"V着"の場合

会話文では"V着"は「動態」「静態」として機能的にとらえられるので、動詞もそういう性質を有するものが選択されやすい。つまり、状態性を帯びる動詞が多いということである。また、動作性の強い動作動詞であっても、動作の進行を表すために使われるのではなく、動的な状態性を持たせるために使われるのである。

(48) "吃呀！"大家几乎是一齐的喊出来。
　　　 "我叫小马儿去，我的小孙子，在外面看着车呢！"(骆驼祥子)
(49) "他总是盯着我，"潘信诚半闭着眼睛，幽默地说，"叫我下不了台，要我好看。"(上海的早晨)
(50) 核桃说，他阻止过，"可她哪把我放在眼里！"
　　　 核桃愤愤地说，"如果你老是这么经常不来公司守着，她不定还要弄出什么花样来呢！"(一路狂奔)

例(48)の"看"も例(49)の"盯"も例(50)の"守"もみな動作動詞であり、どれにも状態性が語彙的に潜在している。この三例は"在 (…) V"に言い換えないほうがいいだろう。参考のため、「V」のリストを出しておこう。このリストも筆者の前述した考え方を支持するものと思われる。

＜動詞のリスト①＞

(ア)命令文に使われる動詞

　弄、瞧、看(kàn)、听、看(kān)、盯、让、放、拉、提、拿、扶、留、花、扫搭、搭配、

中国語の"Ｖ着"に関する研究

凑和、坐、歇、想、歇、想、注意、闲呆、楞、沉、悠、忍、慢

(イ)命令文以外の場合

(a)看(kān)、开、盯、嚷、望、哄、逼、活、吹、流传、养、占、操纵、

(b)收藏、写、留、捆、戴、藏、存、锁、摆、拴、包、隐藏、夹、/跟、陪、带、领、
迎、缠、赖、护、躲、顶、拿、搂、背、握、揣、靠、压、捧、扶、牵、住、守、/坐、
等、待、等待、

(c)想、记、爱、惦、期望、期待、

(d)关、开、敞、空、闭、亮、照、发生、醒、病、

(e)闲、忙、远、沉、、忍、悠、瞒、

(f)表示、意味、保持、昭示、僵持、占据、

[在(…)Ｖ着](正在)准备(着)、(在)主宰(着)、(在)等(着)、(在)困扰(着)、(在)
掩饰(着)、(在)闲(着)、

(a)(b)類は動作動詞(二側面動詞を含む)で、(c)類は心理活動動詞で、(d)
類は変化動詞である。また(e)類には状態動詞もあり形容詞に近いものも
ある。(f)類は性質などを表す動詞である。

4.2 "Ｖ着"の非述語的な用法=付帯状況の場合

付帯状況を表す場合、動詞の類に制限がある。主に以下のような動詞
が用いられる。

(51) "风吹草动，草木皆兵！"/他把电话一丢，忽然神经质地哈哈大
笑："美国人也跑了，带着破鞋跑了！"(红岩)

(52) "啊！解放军！"
"华子良领着解放军来啦！"(红岩)

(53) "你说过，剩下孤儿寡妇，一样闹革命！"
江姐轻轻吐出心坎里的声音："我怎能流着眼泪革命？"(红岩)

82

会話文における "V 着" と "在(…)V" のふるまい

(54) 徐鹏飞重复地问，突然声音一震："甚么！查不出来？"

话筒里绝望的解说，使他更为烦躁，咆哮如雷："总裁手令，限你们三天之内，立即找到《挺进报》的巢穴…否则，**提着狗头来见我！**"(红岩)

＜動詞のリスト②＞

(a)学、嚷、走、看、找、花、说、瞧、流、逗、凑合

(b)押、闭、拿、戴、提、陪、靠、守、背、夹、跟、挨、带、领、抬、留、坐、站、等

(c)空

(d)忙、闲

　(a)(b)類は動作動詞(二側面動詞を含む)で、(c)類は変化動詞である。また、(d)類には状態動詞もあり形容詞に近いものもある。

4.3 "在(…)V" の場合

　"在(…)V" で表される動作は、具体的な動作から抽象的な動作まで幅が広い。例(55)は変化が進行過程にあることを示し、例(56)は動作が進行中であることを表している。例(57)は進行中の抽象的な動作である。この三例はどれも "V 着" に置き換えないほうがいい。

(55) 他叹了口气，说："好吧，我抛一些股票。"

　　　"不是**在跌**吗？"

　　　"跌就跌吧。" (一路狂奔)

(56) 母子两个在干什么？"

　　　"**在教**画画。"

　　　"那好。" (透支时代)

(57) 他的目光有些许挪揄的光点。

　　　"是的，我是在玩火，可有人却**在玩**阴谋。"

　　　"我别无选择。" (都市男女)

83

中国語の"V着"に関する研究

＜動詞のリスト③＞

(a)干、搞、做、作、卖、炸、流血、活动、罢课、工作、挑战、骗、举行、干(革命)、逃命、责备、指责、诱惑、研究、招手、威胁、改变、开(玩笑)、放弃、抢救、作践、逼、评(职称)、托养、折磨、施展、征求、恭维、揩油、讲(课)、蹲(禁闭)、草拟、玩火、玩(阴谋)、加速、准备、继续、努力、谋求、诱惑、打(摆子)、重用、冲锋、战斗、做梦、执行、进行、履行、停职、吃、抹(眼泪)、打(电话)、找、开(玩笑)、嘲笑、听、说、说话、谈、呼喊、吵嘴、煽动、招呼、叫、讨论、开(会)、和谈、看、读、写、画、笑、走、跑路、逃避、追、休息、分散、动、搬家、撞、搞鬼、增兵、睡、等

(b)想、考虑、动(脑筋)/爱、拒绝、恋爱/担心、关心、怕、注意

(c)停电、变化、跌、发冷

(d)忙、急

[在V着](正在)准备(着)、(在)主宰(着)、(在)等(着)、(在)困扰(着)、(在)掩饰(着)、(在)闲(着)、

　(a)類は動作動詞(二側面動詞を含む)で、(b)類は心理活動動詞で、(c)類は変化動詞である。また、(d)類には状態動詞もあり形容詞に近いものもある。

　さて、以上の三つの動詞リストから分かるように、"在(…)V"は動作動詞に集中している。"V着"の場合、動きの少ない動詞(「4.1a」)か、または「4.1b」類のような動詞(付着・取り付け・接触などの意味特徴のある動詞)が多用されている。また、動作動詞以外の動詞の場合、例文から見れば、"在(…)V"より"V着"のほうが多く見られる。

5. "V着"と"在(…)V"についての再検討

　"V着"と"在(…)V"の問題は、幾つかの側面から総合的に考察しなければならない。一つの基準によって区別しようとしても決して容易

84

会話文における"V着"と"在(…)V"のふるまい

なものではない。重なり合うところがあることを認めるのが賢明であろう。勿論、それは独自の領域が存在しないことを意味するものではない。

5.1 均質と非均質

　次例(58)のように、井戸から水を汲んでいる場面も、水を運んでいる場面も、水を水がめに入れている場面も"在挑水。"で言い表すことができる。例(59)は水を運んでいる場面しか表さない。つまり、"在(…)V"は、幾つかの非均質的な段階があることが許されるが、"V着"は、均質的な一段階に限られる。これは"在(…)V"が外部規定で、"V着"が内部規定であるということと関係している[5]。

　　(58) 他们在干什么？ ……＞　在挑水。
　　(59) 他挑着满满的一桶水，向我们这边走来。

　しかし、均質と非均質という解釈では"在(…)V"と"V着"の違いをある程度説明できるものの、説明できない用例も少なくない。

5.2 進行

　周知のように、"在(…)V"が進行を表すと認める先行研究が少なくない。しかし、進行と認定できない用例も多く存在する。

　＜進行の用例＞
　　(60) 收拾停当后，安小竹坐下来品着周京平的毛尖茶，奇怪地问满
　　　　妹，她的主人怎一进里屋就半天不出来了？
　　　　满妹一副主人翁的样子说："叔叔在吃药，他脑壳痛。"
　　　　"没听他说脑壳痛呀。"（一路狂奔）
　　(61) 齐正："现在是文艺活动时间，他们都在玩，你为什么不玩啊?"

85

中国語の"Ｖ着"に関する研究

溥仪:"我…我不会。"(末代皇帝)

<進行として理解しにくい用例>
(62) "好了，我们不谈这些，说实话，米小姐，我真的那么，那么……
我是说，非得让你离得远远的吗？"
"我不明白你在说什么？"
"你应该明白……我想走近你。"（都市男女）

例(60)の"叔叔在吃药"は「叔父は薬を飲んでいる」という意味で、例(61)
の"他们都在玩"は「彼らはみな遊んでいる」という意味である。従って、
"在(…)Ｖ"を進行として理解できるが、例(62)では先ほどのことについ
て述べているので、進行としては理解しにくい。強いて言えば、例(62)
の場合は、進行中のように表現されているということである。このよう
な現象は中国語だけではない。たとえば、「きみ、何を言ってるの？」の
ように、日本語にもある。もしそういう場合の用法を前現在の進行とし
て処理すれば理解しやすいように思われる。

5.3 "在(…)Ｖ"文のモーダルな意味

"在(…)Ｖ"は叙述に用いられる場合とそうでない場合とがある。非叙
述の場合、「問いただす、念を押す、確かめる、弁解、説明、断定」とい
うようなモーダルな意味が含まれる。そして、疑問文に多く使われる。

(63) 方怡冷笑道："穿着军装陪女朋友在市中心广场放鸽子招摇，就
不怕人说了？"
朱海鹏说："这么说你在跟踪我？"
方怡说："在军区总医院我就发现了你那辆破车，一直追到中心
广场。"(突出重围)
(64) "黄师长要竞争红军司令，让我给他搞布防方案。"

86

会話文における"V着"と"在(…)V"のふるまい

"这不是**在**重用你吗？"(突出重围)

(65) 她不能让那畜牲夺走她的圣洁。

"不！你这是**在**作贱自己。"(都市男女)

(66) 白楚心的脸由于那梗在喉头上而吐不出的恼怒而憋得扭曲变

形，"你**在**玩火。"/"不，是你**在**引火自焚。"

我没对她说出哈文已经出卖了她，但我没忘了提醒她，"我真

的为你感到担心。"(都市男女)

5.4 動態・静態と進行

"V着"はアスペクトの意味として「継続」を表し、"在(…)V"は外
部規定としてそとから「継続」を言い表している。そういう意味で、文の
アスペクチュアリティを"在(…)V"のかたちで言い表していると言え
る。両者はどちらも継続を表すが、話し手のとらえ方が異なる。前者は「動
態・静態」としてとらえるが、後者はそれを進行としてとらえる。このよう
なとらえ方の違いによって会話文では次例のような使い分けが見られる。

(67) 叶芳："我看出来了！刚才在油库，思佳用那种眼神**盯着**你，可他从

来就没这么看过我……"(赤橙黄绿青蓝紫)

(68) 何顺："这是何苦呢？娇滴滴的大姑娘，大楼里当个干部，茶水**喝**

着，风扇**吹着**，多美！你倒偏往下面跑"(赤橙黄绿青蓝紫)

(69) 解净："是啊，在思佳苦闷消极的时候，如果你能使他清醒，给他

力量，他能不爱你吗？可你呢？**宠着**他，**顺着**他，当时可能你们相

亲相爱，日子长了会感到厌烦。你说对吗？"(赤橙黄绿青蓝紫)

(70) 这是干什么？"

上士说："我们**在**执行命令，首长。"

王记者道："我们要是硬闯呢？"(突出重围)

(71) 成岗开了门，高兴地接过他手上的帽子。

"这么晚了，你还**在**工作？"(红岩)

87

(72) 忽然，余新江在密集的枪声中，发现敌人狂呼大喊的声浪。
"敌人又在打电话。"(红岩)

例(67)(68)(69)の"盯""喝/吹""宠/顺"は、どれも動作動詞でありな
がら、動作の進行を表していない。"着"によって内的な時間構造＝すが
たを「動態」としてとらえている。それに対して、例(70)(71)(72)の"执行"
"工作""打"は、どれも"在"という外部規定によってその出来事が
現在において進行中であることを表している。

5.5 役割分担

以上、5節で述べてきたことを総合的に考えてみれば、"V着"と"在
(…)V"は基本的に役割分担が異なるという常識的なところに辿りつく
であろう。つまり、両者は重なり合うところを持ち合いながら、自分自
身の守備範囲を持っているのである。この役割分担を次の図に示すこと
ができる。

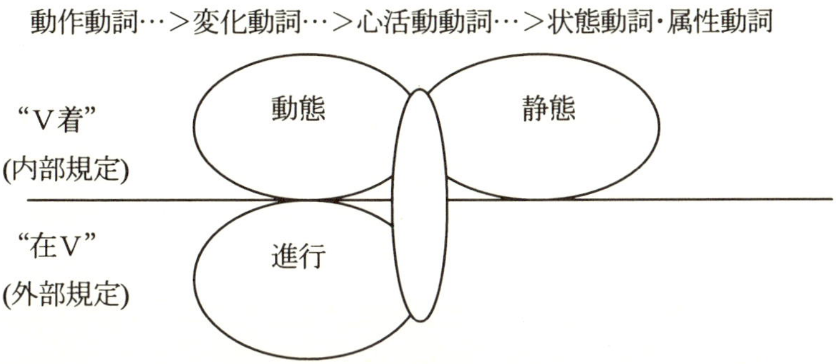

動作動詞…＞変化動詞…＞心活動動詞…＞状態動詞・属性動詞

"V着"　　　　　　　動態　　　　　　静態
(内部規定)

"在V"　　　　　　　進行
(外部規定)

この図について多少説明すると、動作動詞から右へいけばいくほど"V
着"が選択されやすくなる(当然状態動詞、属性動詞になると"着"も使
えない場合が多い)。逆にすれば動作性が強いほど"在(…)V"が選択さ
れやすくなる。ただし、"V着"で表現する必要があれば、動作性の強

会話文における "Ｖ着" と "在(…)Ｖ" のふるまい

い動作動詞であっても可能である。軸の左上にある楕円と左下にある楕円はそれぞれの守備範囲を示し、縦の細い楕円は重なり合う部分を示し、右上にある楕円は "Ｖ着" だけにある単独の用法である。

　ところで、次例のように、"痛" "病" という特殊な動詞であっても両方とも可能な場合がある。例(73)(75)では現在時に焦点を当ててそれぞれ頭痛／病気がまだ進行中であることを表しており、例(74)(76)では現在より以前からの頭痛／病気を継続的なものとしてとらえている。

(73) 苏道诚坐到杜见春床沿上，关怀体贴地问："怎么，你的头还**在痛**？"(磋跎岁月)

(74) 他关怀体贴地问："怎么，你的头还**痛着**？"

(75) 他关怀体贴地问："怎么，你还**在病**？"

(76) 他关怀体贴地问："怎么，你还**病着**？"

5.6 内部規定と外部規定による解釈の可能性

　ここでは、"在(…)Ｖ" が使われるが、"Ｖ着" が使われない場合について、内部規定と外部規定というカテゴリーで説明することを試みる。

　次例(77)は成立するが、例(78)は非文になる。

(77) 你在干什么？

(78)*你干着什么？

　このような場合については、藤堂・相原(1985)では「主語が、どういう種類の動作・行為をしているのかを、話し手が認定・判断し、それを説明」するとされている。また朱(1998)では「動作の種類に焦点」を当てるからと見なしている。藤堂・相原(1985)と朱(1998)では、この違いについてをただ語用的に説明しているだけであって、なぜ動作の種類に焦点を当て

89

中国語の"V着"に関する研究

る場合に使われるのかについてが説明されていない。しかし、内部規定
と外部規定ではそれを説明することができる。"着"は内部規定なので、
観察できる、即ち現実に存在する「V」の内的な時間構造(すがた)しか表
すことができない。それゆえ、例(4)の場合は成立するが、例(78)の場合
は非文になるのである。それに対して、"你在干什么?"の場合、"在"
が外からの出来事＝"干什么"[6]と時間的に関係しているので、構文論
的な成分として許される。つまり、"在(…)V"が用いられる文のどの
成分も焦点になる可能性があるということである。当然なことであるが、
朱(1998)で述べられている動作の主体や動作の受け手や動作の場所など
に焦点をあてる場合に対しての説明としても有効であろう。たとえば、次例
(79)(80)(81)(82)の"在(…)V"はどれも"V着"に言い換えることができない
(括弧の中にある部分は焦点以外の部分なので会話の際省略することが
可能である)が、いずれも"着"は内部規定で、「V」の内的な時間構造(す
がた)を問題にし、"在"は外部規定で、出来事の時間構造を外から問題
にするという本質的な説明から解答が求められるのだろう。

(79) 你在喝什么呢?…＞(我在喝)粥。

(80) 谁在唱歌儿?…＞小李(在唱歌儿)。

(81) 她在跟谁吃饭呢?…＞(她在跟)田中(吃饭呢)。

(82) 你在用什么切菜?…＞(我在用)日式菜刀(切菜)。

6. おわりに

　本章では会話文における"V着"と"在(…)V"のふるまいについて
幾つかの側面から考察を加えた。それをまとめると以下のようである。

　i．"着"は内部規定で、アスペクトの形態論的なカテゴリーとして用
いられ、"在"は外部規定で、構文論レベルのカテゴリーとして出来事全
体の時間構造を表す。

ⅱ．"Ｖ着"と"在(…)Ｖ"の重なり合う部分は、主に文の述語に用いられる用法の中の「動作の継続」である。

ⅲ．"Ｖ着"と"在(…)Ｖ"は動詞の類と関係する。"在(…)Ｖ"は動作動詞に集中しているのに対して、"Ｖ着"は動きの少ない動詞、または「付着・取り付け・接触」などの意味特徴のある動詞が多用されている。特に動作動詞以外の場合、例文から見れば"在(…)Ｖ"より"Ｖ着"のほうが多く見られる。

ⅳ．"Ｖ着"と"在(…)Ｖ"は役割分担が異なる。つまり、両者は重なり合うところを持ち合いながら、自分自身の守備範囲を持っているのである。重なり合う部分にも意味的な相違が見られる。

注

1) "在(…)Ｖ"の"在"は時間副詞であり、"着"は"zhe"と発音する場合である。また、"正/正在/呢"は本章の考察の対象から外す。

2) たとえば、次例(a～f)では"在"は外からそれぞれの下線部(の出来事)に関係しその出来事の時間構造を表している。例(a)では"在"が「Ｖ」にだけ外から関係しているが、例(b～f)と同様に、下線部(「聞くこと」)を出来事としてその時間構造を表している。

   (a)他在听。

   (b)他在听歌儿。

   (c)他在一首接一首地听歌儿。

   (d)他在跟小李讲话。

   (e)他在给田中讲故事。

   (f)他在跟小李一起拼命地往外扔垃圾。

3) 筆者(1998b)では主に動作動詞と変化動詞を中心に"Ｖ着"のアスペクトの意味を考察したが、その意味を「継続」と結論付け、さらにそれを「動作の継続」と「結果の継続」に下位分類した。また筆者(2000a)では思考・心理活動動詞を中

心に考察し、"V着"が使われる場合、基本的に思考活動や心理活動が継続中であることを表すという結論を出した。

4) 二側面動詞とは動作・変化という二側面を持っている動詞を指す。たとえば、"穿"類、"坐"類、"去"類などはそれぞれ、人間の服装変化、人間の姿勢変化、人間の位置(移動)変化を表すと同時に人間の動作も表している。詳しくは筆者(1998a.b)を参照されたい。

5) 陈月明(1999)では"'在'表示活动在进行中，'着¡'表示动作的持续"と述べており、筆者の考えに近い。

6) 藤堂・相原(1985)と朱(1998)では"你在干什么?"を動作の種類に焦点を当てるとされているが、筆者は"干什么"という出来事の種類に焦点を当てるものと見ている。というのは、"你在干什么?"の完全な回答文を"我在喝酒。"とすれば、簡略された解答として"*(在)喝。"ではなく、"(在)喝酒。"になるからである。

参考文献

吕　叔湘　(1942)《中国文法要略》(商务印书馆1982再版)

王　力　(1944)《中国现代语法》(中华书局出版)

陈　刚　(1980) 试论"着"的用法及其与英语进行式的比较(《中国语文》1)

刘宁生　(1985) 论副词"着"及其相关的两个动态范畴(《语言研究》2)

陈　平　(1988) 论现代汉语时间系统的三元结构(《中国语文》总207)

聂文龙　(1989) 存在和存在句的分类(《中国语文》总209)

龚千炎　(1991) 谈现代汉语时制和时态表达方式(《中国语文》总223)

马　庆株　(1992)《汉语动词和动词性结构》(北京语言学院出版社)

费春元　(1992) 说"着"(《语文研究》总43)

郭　锐　(1993) 汉语动词的过程结构(《中国语文》总237)

朱　德熙　(1995)《文法讲义》(杉村博文・木村英樹訳　白帝社)

胡裕树ら　(1995)《动词研究》(河南人民出版社)

沈　家煊　(1995)"有界"与"无界"(《中国语文》总248)

张　黎　(1996)"着"的语法分布及其语法意义(《语文研究》总58)

戴　耀晶　(1998) 论现代汉语的体范围(『開篇』好文出版)

郑　懿德　(1988) 时间副词"在"的使用条件 (《语法研究和探索》4 中国语文杂志社)

郭　志良　(1991-2) 时间副词"正""正在"和"在"的分布情况 (《世界汉语教学》总17，20)

郭　风岚　(1998) 论副词"在"与"正"的语义特征(《语言教学与研究》2)

陈　月明　(1999) 时间副词"在"与"着"(《汉语学习》4)

陆　俭明　(1999)"着(zhe)"字补议(《中国语文》总272)

扬　平　(2000) 副词"正"的语法意义 (《世界汉语教学》总52)

平山久雄　(1959) 北京語の「着」とその接尾する動詞について (『中国語学88』)

木村英樹　(1981)「付着」の"着／zhe "と「消失」の"了／le"(『中国語258』)

木村英樹　(1982) 中国語(『講座日本語学11　外国語との対照Ⅱ』明治書院)

荒川清秀　(1985)"着"と動詞の類 (『中国語306』)

C.E.ヤーホントフ(1957)『中国語学研究叢書3　中国語動詞の研究』 (橋本萬太郎訳1987　白帝社)

村松恵子　(1988)"着"の文法的な意味 (『中国語学235』)

劉月華ら　(1988)『現代中国語文法総覧』 (相原茂　監訳　くろしお出版)

玄　宜青　(1989)"着"と"在" (『中国語研究(31)』白帝社)

朱　継征　(1998) 中国語の進行相について(『中国語学245』)

讚井唯允　(2000)　"在等""等着""在等着"-"在"と"着"の文法的意味と語用論 (『人文学報』32)

奥田靖雄　(1977) アスペクトの研究をめぐって-金田一的段階-(宮城教育大学『国語国文8』)

奥田靖雄　(1978) アスペクトの研究をめぐって (『教育国語』53，54むぎ書房)

奥田靖雄　(1988) 時間の表現 (『教育国語』94，95むぎ書房)

中国語の"V着"に関する研究

奥田靖雄　(1993) 動詞の終止形その(1)(2)(3)（『教育国語』2，9/12/13むぎ書房）

鈴木重幸　(1989) 現代の日本語動詞のテンス(『言語の研究』むぎ書房)

鈴木重幸　(1996)『形態論・序説』（むぎ書房）

高橋太郎　(1985)『現代日本語動詞のアスペクトとテンス』(秀英出版)

高橋太郎　(1994)『動詞の研究』（むぎ書房）

工藤真由美(1987) 現代日本語のアスペクトについて（『教育国語』91 むぎ書房）

工藤真由美(1989) 現代日本語のパーフェクトをめぐって(『ことばの科学 3』むぎ書房)

工藤真由美(1995)『アスペクト・テンス体系とテクスト』(ひつじ書房)

王　学群　(1998a) アスペクトと動詞の分類(『語学教育研究論叢15号』大東文化大学語学教育研究所)

王　学群　(1998b) 中国語の"V着"について『千葉商科大学紀要（第36巻第1号）』(改訂版1999『日中言語対照研究論集・創刊号』白帝社、再改訂版 1999『現代中国語研究論集』中国書店)

王　学群　(1999)"V着"のかたちの命令文について『千葉商科大学紀要（第37巻第2号）』

王　学群　(2000a) 中国語の"V着"についての一考察—思考・心理活動動詞を中心に—（『中国語論集』白帝社）

王　学群　(2000b) 中国語の"有着"について(『漢語教学研究』総第3号)

王　学群　(2000c)"把…V着"の構造について(『千葉商科大学紀要38-2』)

王　学群　(2001) 地の文における"V着(zhe)"のふるまいについて（『日中言語対照研究論集3』日中言語対照研究会編　白帝社)

［付記］

　本章は、『日中言語対照研究論集』(第4号、日中言語対照研究会編、白帝社、2002)に掲載された論文(「会話文における"V着"と"在(…)V"のふるまいについて」)をもとに加筆・修正したものです。

第6章
付帯状況を表す "V着"

内容提要

　　本章主要对在句中表示附带状况的 "V着" 进行了考察。将其与后项部分结合的类型分为：动作和动作、状态和动作、状态和状态、动作和状态等四种。并认为前项部分 "V着" 依托在后项部分上，以此来共同构成一个具有从属关系的复合性连动句式结构。另外，用在前项部分的动词时常受到一定的限制，比如：表示 "主体动作+客体变化" 的动词一般较少用在前项部分，而属于 "主体动作动词" 的姿态动词、容态动词、携带动词、接触动词、语言视听觉动词以及心理活动动词等却是该部分的主力军。另外，对表示方式的 "V着" 也进行了一定的考察。

キーワード：前項部分　後項部分　動詞の類　複合性　付帯状況　方式

目次

1. はじめに
　1.1 考察の対象
　1.2 先行研究
　1.3 問題点
2. 付帯状況を表す場合
　2.1 前項部分と後項部分とのかかわり

2.2 前項部分と後項部分の複合パターン

　2.2.1 動作と動作との複合

　2.2.2 状態と動作の複合

　2.2.3 状態と状態との複合

　2.2.4 動作と状態との複合

2.3 動詞の類とのかかわり

　2.3.1 姿勢動詞・表情動詞

　2.3.2 携帯動詞

　2.3.3 言語・視聴覚活動動詞

　2.3.4 接触動詞

　2.3.5 服装変化動詞

　2.3.6 心理活動動詞

　2.3.7 それ以外の動詞

　2.3.8 周辺的なもの

3. 方式を表す場合

　3.1 "蒸" 類

　3.2 "走" 類

　3.3 "站" 類

　3.4 "背" 類

　3.5 "戴" 類

　3.6 付帯状況と方式との重なり

4. おわりに

1. はじめに

1.1 考察の対象

　今まで既に述べたように、"V着" の意味用法を大まかに分けてみれば、一つは、文の述語に用いられる継続(=動作の継続・結果の継続・単純状態の存続)を表す場合であり、一つは、副次的な動作、付随的な状態、方式など

付帯状況を表す"V着"

を表す場合であり、一つは、命令用法の場合である。本章では、副次的な動作、付随的な状態、方式などを表す場合の"V着"を考察の対象とする。

また、周知のように、中国語文法書では、"V₁着＋V₂"という構造の文を連動文または連動式と呼ぶのが一般的である[1]。本章で考察しようとする"V着"は"V₁着＋V₂"の中の"V₁着"を指す。以下の考察では、"V₁着"を一律に「文中"V着"」と呼ぶことにする。文中"V着"の意味用法は以下のように分けることができる。

1. 付帯状況を表す場合

(1) 他笑着对我说："明天我一定去。"
(2) 她只是歪着头看着我，就是不说话。

2. 方式を表す場合

(3) 鸭子还是煮着吃好吃。
(4) 今天我们是走着来的。

3. 前項と後項に手段と目的の関係がある場合

(5) 忙着准备出发。(《现代汉语八百词》p595)
(6) 藏着不肯出来。(《现代汉语八百词》p595)

4. 動詞₁の進行中に動詞₂の動作が現れる場合

(7) 想着想着笑了起来。(《现代汉语八百词》p595)
(8) 说着说着不觉到了门口了。(《现代汉语八百词》p595)

5. 前項部分と後項部分に行為と結果の関係がある場合

中国語の"Ｖ着"に関する研究

(9) 看着不顺眼。

(10) 这东西拿着太重。

本章では、その考察の対象を更に付帯状況と方式を表す場合に限定する。

1.2 先行研究

《现代汉语八百词》(p 594-595)では、文中の"Ｖ着"を三つに分けて述べている。

a. 表示两个动作同时进行，其中有的可以理解为动₁表示动₂的方式。
坐着讲/抿着嘴笑/红着脸说(p595)

b. 动₁和动₂之间有一种手段和目的的关系。
急着上班/忙着准备出发/藏着不肯拿出来(p595)

c. 动₁正在进行中出现动₂的动作。
想着想着笑起来了/说着说着不觉到了门口了(p595)

1.3 問題点

《现代汉语八百词》では、文中"Ｖ着"の用法について上記のような用法があることだけが述べられていて、より詳しい記述、たとえば前項部分(V_1着)と後項部分との関係、両者（"V_1着"とV_2)が複合する時のパターン、"V_1着"と動詞の類との関係などについてはまだ述べられていない。本章ではそれらの三点を考察の対象にしたいと考えている。

2. 付帯状況を表す場合

2.1 前項部分と後項部分とのかかわり

本章では文中"Ｖ着"で表現される部分を前項部分とし、"V_1着＋V_2"の中のV_2に相当する部分を後項部分とする。前項部分と後項部分の間に「修飾と被修飾」に近い関係が存在している。具体的な場面の中では前項部分が後項部分に付随して一つの複合的なものになる。この意味で、前項部分は副次的なものであり、後項部分は主要なものである。さらに前項部分と後項部

98

付帯状況を表す "V 着"

分の間に同時的な関係が存在し、両部分の主体が同一であることが求められる[2]。

> (11) "看把人家的鞋踩掉了没嘛！" 娃娃们笑嚷着散开。(插队的故事)[3]
> (12) 山里受苦去的人们扛着老镢，扛着锄，扛着弯曲的木犁，站在村头高高的土崖上远远地望着我。(插队的故事)

例(11)の "笑嚷着" は、前項部分であって "散开" の補佐的な役割をしており、一つの複合的な関係が認められる。というのは "散开" の時の状況を "笑嚷着" によって表しているからである。例(12)では、例(11)のように一つの構造の中に収まっていないが、三つの部分が並列して一つの大きな構造になっていると見てよいと思われる。つまり "扛着老镢，扛着锄，扛着弯曲的木犁" は、文中 "V 着" の部分として後ろの "望着我" を中心とする下線部に付随していて一つの複合的なものになっているからである。

2.2 前項部分と後項部分の複合パターン

前項部分と後項部分とが複合する時には、動作と動作の複合だけでなく、いくつかのパターンが見られる。主に以下の四つのパターンである。

2.2.1 動作と動作との複合

まず、前述したような動作と動作との複合を見てみよう。この場合、前項部分の動作は後項部分の勢力範囲に所属し、付随するものとなる。

> (13) 除夕(12 月 31 日)的晚上，即使是现在，也还是有为数不少的人去寺庙，听着那说是能消除烦恼的 108 响钟声，静静地迎接新年的到来。(中日飞鸿)
> (14) 大伙哼着歌散开。去砍柴。(插队的故事)

99

中国語の"Ｖ着"に関する研究

例(13)(14)は動作と動作との複合で、波線部は副次的な動作として下線部の主要な動作に同伴しているので、同一主体による同時進行の複合動作であると考えられる[4]。前項部分を副次的な動作というのは、従属的に主要な動作＝後項部分によりかかって文中での働きを果たしているからである。

2.2.2 状態と動作の複合

ここでは、状態と動作との複合について述べてみたい。前項部分は状態的なものになり、後項部分は前項部分の状態を受ける動作になる。この用法には姿勢動詞や表情動詞などがよく使われる。

> (15) 我和李卓又逛了一阵儿，捡个人少的地方<u>靠着根石柱子坐下</u>，开始认真地吃那盒果脯。 (插队的故事)
>
> (16) 李卓在牙间"咝…"了一声，<u>歪着脑袋想了半天</u>。 (插队的故事)

例(15)(16)の波線部は付随的な状態として後項部分の動作との複合を実現している。当然なことながら、前項部分の状態は後項部分の動作に付随している。それによって、"坐、想"という動作が実現される時の姿勢変化が表されている。

2.2.3 状態と状態との複合

後項部分になるのは、動作だけでなく、状態も可能である。ここでは、状態と状態との複合を見てみたい。

> (17) 仲伟一本正经<u>扛着老锹站在河滩里</u>。 (插队的故事)
>
> (18) 仲伟一直紧<u>闭着嘴发愣</u>，这会儿问："吃什么呢你们？"(插队的故事)

例(17)の"扛着老锹"と例(18)の"闭着嘴"は前項部分として、"站在河滩

100

里"、"发愣"という後項部分に付随して複合性をなしているので、付随的な状態と主要な状態との複合と言える。

2.2.4 動作と状態との複合

例文から見れば、そんなに多くはないが、例(19)(20)のような副次的な動作と状態との複合の場合もある。

(19) 我躺在炕上，<u>抽着烟发愣</u>。 (插队的故事)

(20) 忽然发现，远处山梁上女生们正在那儿照相，她们有人带了个相机。
红头巾，绿头巾，蓝头巾，在黄土的大山上分外鲜明。李卓说："快看，驴奔儿。"小彬<u>望着那个蓝头巾又犯傻</u>。 (插队的故事)

例(19)の"抽着烟"と例(20)の"望着那个蓝头巾"は、後項部分（"发愣""犯傻"）に寄りかかっていて、その状態について補足的な働きをしていると思われる。

以上(2.1 と 2.2)の考察から、前項部分の文中"V着"は、後項部分の動作や状態に寄りかかって複合的なものになり、両部分の間に同時的な関係が存在し、また両部分の主体が同じであるということがわかる。そして、動作と動作、状態と動作、状態と状態、動作と状態という四つの複合のパターンがある。このような副次的な動作及び後項部分に付随する状態をまとめて「付帯状況」と呼ぶことにする[5]。現段階では仮に付帯状況を次のように規定する。

> **付帯状況**：後項部分の動作や状態に付随する前項部分の動作や状態を指す。

2.3 動詞の類とのかかわり

本章は《中日对译语料库》(北京日本学研究中心編 試用版 1999)にある中国語作品数編から、付帯状況を表すと思われる例文＝286 例を採集した。例

中国語の"Ｖ着"に関する研究

文を調べていくうちに、付帯状況という用法は動詞の種類に深く関わっていることがわかってきた。

2.3.1 姿勢動詞・表情動詞

　前項部分に多用されるのは、人間の身振りや手振りや顔の表情などを表す動詞である。本章では、このような動詞を「姿勢・表情動詞」と呼ぶことにする。この場合、前項部分は「姿勢・表情動詞」を通して、人間身体の部分特徴(動作・状態)をとらえる。それによって後項部分の動作や状態をさらに具体化させる。この動詞グループは動作性の有無によって二分類できる。

> A類動詞：盘、捂、卷、昂、挺、仰、留、歪、坐、低、站、靠、挤、
> 　　　　　哑、拄、指、扭、伸、粗、闭、光、撅、蹲、跪、扒、露、
> 　　　　　瘪、张、掩、红、缠、转、硬、绷、沉、带、露、肿、含
> B類動詞：瓣、摇、骚、笑、舞、喘、微笑、哭、欢呼

　A類動詞は単独または身体名詞と組合わさって静態として人間の身体の部分的な特徴をとらえる。それに対して、B類動詞は人間の身体の部分的な特徴を動態としてとらえる。全部で96例、約33.57%を占める。「B類動詞」によってできている前項部分は基本的に副次的な動作と見なしてよい。例(21)の波線部は静態としてとらえる場合であり、例(22)の波線部は動態としてとらえる場合である。

> (21) 那时我住在母亲的套间里，冬天的夜里，烧热了砖炕，点起一盏煤
> 　　　油灯，<u>盘着两腿坐在炕桌边上，读书习算</u>。 (关于女人)
> (22) 五元儿既流了血，屁股上又挨了疤子两脚，这才觉得委屈，一个人
> 　　　<u>哭着回窑去</u>。 (插队的故事)

102

付帯状況を表す"Ｖ着"

2.3.2 携帯動詞

　前項部分に用いられる動詞の中には、「携帯」というカテゴリカルな意味を内在する動詞がある。以下はこれを「携帯動詞」と呼ぶことにする [6]。"拿、带、抱、挑、挟、提、背、端、捧、扛、兜、领、托、拖、担"などはこのグループに入る。全部で 65 例、約 22.73％を占める。これに 2.3.1 節の例文を加算すれば 56％強になる。

(23) 前不久仲伟带着他四岁的女儿来我家，碰巧金涛也来了，……。 (插队的故事)

(24) 我们吃早饭的时候，看见老张提着一小篮鸡蛋进门。 (关于女人)

　例(23)(24)のように、携帯動詞の場合、前項部分はいずれも後項部分に付随する状態であり、後項部分は主要な動作や主要な状態である。

2.3.3 言語・視聴覚活動動詞

　この場合、前項部分に用いられるのは"说、呼喊、呐喊、叹气、哼、唱、望、凝望、瞪、盯、睁、看、响、听"などのような言語・視聴覚活動動詞であり、全部で 40 例、約 13.98％になる。基本的に動きの少ない動作を表すが、いずれも副次的な動作と見なしてよいだろう。

(25) 老太太的脚声，渐渐的在通道中消失了。我凝望着屋顶，反复咀嚼着"飞鸟各投林"这一句话！ (关于女人)

(26) "嗬，魏头儿还有这么两下子，没想到！"凌凯呢，眼睛盯着他脸上那片嗜酒的红斑，正正经经地说："您这朵花正红哪。就像香山红叶，'越到老秋，越红得可爱'。"这照例是哄笑的高潮。(盖棺)

　例(25)の"凝望着屋顶"と例(26)の"眼睛盯着他脸上那片嗜酒的红斑"は、副次的な動作として後項部分の下線部に寄りかかっている。

103

中国語の“V着”に関する研究

2.3.4 接触動詞

前項部分に用いられる動詞の中には、“搂、敲、敲打、触、摸、搓、抚摩、拍、牵、拉、捏、扶、搀、搀扶、咬、打、捶打、揍”のようなものがある。このグループの動詞に「接触」というカテゴリカルな意味が内在している。仮に「接触動詞」と呼ぶことにする。全部で32例、約11.19%を占める。

    (27) <u>我抚摩着她的手</u>, 说: '你想想, 从前在北平的时候, 你还不是常常到我们家里来？你对他发生过感情没有？…… (关于女人)

    (28) <u>我赶紧搂着她的脖子说</u>: "你放心, 我大了一定去跨海征东, ……"
       (关于女人)

例(27)(28)のように前項部分は状態として後項部分に付随する場合が多いが、動作と動作との複合パターンも作ることができる。たとえば、“他不停地拍着我的肩膀说: …”の場合は、動作と動作との複合と理解したほうがよいだろう。

2.3.5 服装変化動詞

主体(人)の服装変化を表す動詞、たとえば“穿、戴、系、披、裹”などのようなものがある。この場合、文中“V着”というかたちで変化後の結果の継続しか表さない。全部で5例、1.75%を占める。

    (29) 一进家门, 那"帮工"的李嫂, <u>穿着一身黑绸的衣裤</u>, <u>系着雪白的围裙</u>, <u>迎了出来</u>, 嘴里笑着说: "客人们请客厅坐。" (关于女人)

2.3.6 心理活動動詞

集めた例文の中には、“想、思考、沉思”などのような主体の心理活動を表す動詞の例文もある。全部で8例、約2.80%を占める。

104

付帯状況を表す "V着"

(30) 说十二斤的慢慢平定了情绪，<u>沉思着点烟</u>。众人也都静静地追忆或
畅想，气氛异常和睦起来。 (插队的故事)

2.3.7 それ以外の動詞

以上(2.3.1～2.3.6)の分類に収められない動詞が、まだ 16 例あり、例文全体
の約 5.59% を占めるが、これらの例文は殆ど主体動作動詞である。主体動作・
客体変化動詞の例もあるが、方式という用法にかわってしまう。

(31) 而后大家都躺下，<u>抽着烟</u>，<u>默默地望那窑顶</u>。 (插队的故事)
(32) 徐悦悦和沈梦苹气哼哼地走了，到底不是对手。我和金涛故意吹着口
哨，<u>在灶房里再巡视一回</u>，看还有什么便宜可占。(插队的故事)

2.3.8 周辺的なもの

その 1. 例文の中には移動・囲みの場所などを示す前置詞的な性格を帯び
る動詞(前置詞と見ていい場合もあろう)もある。これは、主に "沿着、囲着、
隔着、对着、当着、顺着、贴着" のようなもので、場所名詞またはそれに相
当する名詞と組合わさって後項部分の動作(状態)の行われる(存在する)場所
を表す。全部で 16 例、約 5.59%。ただし、この場合は今までの用法と一線
を画す必要があろう。

(33) 离家去谋生的人，<u>沿着川道走出几里远</u>，回头还望见这土崖，望见
亲人站在崖畔上。 (插队的故事)
(34) 而我们这边呢，时而翘翘二郎腿，时而并并双膝，总有一种莫名的
局促不安。<u>隔着桌子说话</u>，有个遮挡还好些，一旦前面空空如也，
便很不成样子了。 (中日飞鸿)
(35) 世间无数的有情男女都会在这个晚上，夜深人静的时刻，<u>对着星空
祈祷自己的姻缘美满</u>。 (中日飞鸿)

105

中国語の"V着"に関する研究

その2. 例文の中には同伴というカテゴリカルな意味を持つ動詞もある。全部で8例、約2.80%。主に"陪着、跟着"という二つの動詞が用いられる。やはり前置詞的な性格を帯びる動詞であろう。

(36) 大串联的时候我还小，什么都不懂，起哄似地<u>跟着</u>人家跑了几个城市，又抄大字报又印传单，什么也不懂。(插队的故事)

(37) 我<u>陪着</u>她的祖父谈天，她也一点不拘束的，和我们随便谈笑。(关于女人)

「2.3」節での考察からみれば、以下のことが言えるだろう。

A.前項部分に使われる動詞は、基本的に動作動詞に属する主体動作動詞と、変化動詞に属する主体変化・動作動詞と主体変化動詞である。動作動詞に属する主体動作・客体変化動詞は基本的に使われない[7]。また、動作動詞であろうと、変化動詞であろうと、文中"V着"は、主に人間の日常活動をめぐる場面の中に使われている。したがって、姿勢・表情動詞(2.3.1)、携帯動詞(2.3.2)、接触動詞(2.3.4)、言語・視聴覚活動動詞(2.3.3)などは主なメンバーとして前項部分に使われる。さらに2.3.8節は周辺的なものとして「2.3.1〜7」の各節と一線を画すべきである。

B.動態の場合より静態の場合が多く使われる。つまり、副次的な動作より副次的な状態のほうがよく使われている、ということである。

C.「2.1」節で述べたように、文中"V着"で指し出されているのは、副次的な動作または付随的な状態である。アスペクトの観点からそれを三つに分けることができる。ひとつは動作の継続、一つは結果の継続、一つは状態の維持である[8]。状態の維持を表す場合には状態を維持する主体からの外力が必要になる。それゆえ、状態の維持は動作の継続と結果の継続の間に存在するものであって、三者は連続的なものと考えられる。たとえば、"他笑着走开。"は、動作の継続で、"他扛着锄头走了过来。"は状態の維持で、"他穿着一件衬衫迎了出来。"は結果の継続である。

106

3. 方式を表す場合

ところで、"他跑着来的。"のような場合、付帯状況の枠には収まらない。仮にそれを「方式」を表す用法とする[9]。この用法の前項部分はやはり後項部分に付随するものである。

(38) 在南方，有些海鲜馆儿把活鱼贝类放养在鱼缸里，让顾客自己挑选，但都是<u>蒸着或煎着吃</u>的。 (中日飞鸿)

例(38)に使われている文中"V着"の"V"は、主体動作・客体変化を表す動詞であるが、表しているのは、付帯状況ではなく「食べられるようになるための調理方法」である。つまり、"蒸着或煎着"という部分は、"吃"という部分の付随的な動作ではないということである。よく使われる場合は以下の通りである。

3.1 "蒸"類

この類に入る動詞は、"着"を使うという形をとるのが一般的であり、調理方法や食べ方などを表す。主に次のようなものである。

蒸着吃/煮着吃/炖着吃/炒着吃/炸着吃/烤着吃/蘸着吃/煎着吃/熏着吃/拌着吃/切着吃/掰着吃/分着吃/捏着吃/抓着吃

(39) 这个部位的牛肉只能<u>炖着吃</u>。
(40) 只有一个苹果，你们三个<u>分着吃</u>吧。

例(39)(40)の"炖着吃"、"分着吃"は、日本語に訳せば「煮て食べる」と「分けて食べる」とになるように、それぞれ食べるための調理方法と食べるための割り当てを表している。

107

中国語の"V着"に関する研究

3.2 "走"類

この類に入る動詞は主に移動の様相を表す移動動詞と、道具目的語を支配する"坐/骑"などである。これらの動詞は、後項部分となる移動動詞と組み合わさって移動する時の手段・方法を表す。"着"の形がよく使われるかどうかによって、二類に分けられる。A類はよく"着"の形をとるが、B類は"着"の形をとらないほうが普通である。

　　A類：走着去/跑着去/游着过去/爬着上去
　　B類：坐(着)车去/骑(着)自行车去/坐(着)飞机去/开(着)车去旅行
(41)"你看，皇后入宫多么热闹啊，可咱们格格昨儿格就那么冷冷清清地
　　坐着辆轿车进了宫……"(末代皇帝)
(42) 溥仪和溥杰坐着看戏。溥杰手指戏台正向溥仪说着什么。(末代皇帝)

例(41)の"着"は省略できるが、例(42)の"着"は省略することができない。そして、この違いを反映しているように、例(41)の波線部は方式という用法であるが、例(42)の波線部は付帯状況としての場合である。

3.3 "站"類

この類に入る動詞は主に姿勢変化を表す動詞であり、後項部分の動作の方式を表す。ただし"着"が省略されることもないし、すべての場合は方式になるということでもない。つまり、付帯状況になる場合もあり得るのである。

　　站着听/跪着听/躺着听/靠着听/站着看/坐着看
(43) 你呀，还是站着听吧。
(44)"看啥？""看他们俩在干啥。"留小儿跑去又跑回来，说："二人
　　站着看星星哩，一满不言传。"　(插队的故事)

例(43)の"站着"は"听"の方式を表し、例(44)の"站着"は"看"に付随

108

付帯状況を表す "V着"

する状態として使われているので、付帯状況と理解したほうがいいだろう。

3.4 "背"類

この類に入る動詞は、主に携帯動詞である。"抓"の場合を除けば、基本的に "着" がなくても文として成立する。この場合、やはり方式だけでなく、付帯状況も可能である。例(45)は方式の場合であるが、例(46)(47)は付帯状況としての場合である。

用手抓着帯走/用背背着回去/用肩扛着回去/举着过河/拎着回去/拿着回去/打着伞回去/抱着回去

(45) 我看你就用肩扛着回去吧。

(46) 当时小李拎着一袋苹果进了家。

(47) 溥仪抱着小狮子狗悠闲自得地坐在步舆里。(末代皇帝)

3.5 "戴"類

この類に入る動詞は基本的に服装変化を表す場合である。この場合、やはり方式も付帯状況も可能である。ただし恐らく付帯状況の場合は方式より多用されるだろう。例(48)は方式の場合であり、例(49)は付帯状況の場合である。

戴着…听/穿着…回家/披着…去/裹着…睡/围着…去

(48) 最好是戴着帽子去，这样就不会感冒。

(49) 当时他穿着一件红色上衣走进校园。

3.6 付帯状況と方式との重なり

3節の考察から見れば、具体的な文によって付帯状況の場合もあるし、そうでない場合もあることがわかる。地の文では恐らく基本的に付帯状況となる場合が多いだろう。つまり、具体的な場面や文脈に左右されることが多いということである。特に姿勢変化を表す"坐"類、

109

接触を表す"背"類、服装変化を表す"戴"類などは、恐らく付帯状況となる場合がより多いだろう。付帯状況と方式は連続的なものであって、重なり合う部分(あるいは付帯状況か方式かと区別しにくい場合)があっても当然であろう。しかし、次のような質問文に対しての答えとしての"V着"は、恐らく方式という用法になるだろう。

(50) 这个鸭子怎么吃? → 盐水煮着吃最好吃。

(51) 你怎么去? → 我骑着自行车去。

(52) 你怎么上去? → 我跑着上去。

(53) 我怎么听? → 我戴着耳机听。

4. おわりに

本章では、付帯状況を表す場合、前項部分と後項部分に同時的な関係が存在し、同一主体が要求されることを確認しながら、まず動作と動作、状態と動作、状態と状態、動作と状態という四つの複合的なパターンがあること、付帯状況に使われる動詞の種類が制限されること、姿勢・表情動詞、携帯動詞、接触動詞、言語・視聴覚活動動詞などが主なメンバーであることを明らかにした。

方式の用法についての考察はまだ十分とは言えないが、よく使われる動詞や付帯状況との重なりなどについて明らかにした。

注

1)《现代汉语八百词》p594-595 参照。

2)同時的な関係・同一主体に関しては呂(1980)、劉(1983)に指摘がある。なお、同時的な関係というのは、はじめから終わりまでの全過程的な同時ではなく、発話時点においての同時進行または同時存在である。

3)例文の出し方に関しては、《中日対译语料库 第 1 版》(北京日本学研究中心編、2003)に収録された作品名だけが個々の例文の後ろに示してある。作者・

110

訳者・出版年月日・出版社などの詳しいことは《中日対译语料库》の目録を参照されたい。また例文の波線部分は前項部分で、下線部分は後項部分である。なお、「方式」という節で使われる例文は、《中日对译语料库第1版》だけでなく、それ以外の作品からも例文を採集した。その出所は同様に個々の例文の後ろに示してある。さらに出所が示されなかった例文は筆者の作例である。

4)副次的な動作・主要な動作・複合動作などの用語は言語学研究会・構文論グループ(1989)参照。

5)「付帯状況」に関しては宮島ら(1995)参照。

6)「携帯」に関しては言語学研究会・構文論グループ(1989)、仁田(1995)、全(1997)に同様な指摘がある。

7)姿勢・表情動詞・携帯動詞は主体変化・動作動詞に属し、接触動詞、言語・視聴覚動詞は主体動作動詞に属する。動詞の分類に関するより詳しいことは工藤(1995)、王(1999a・2002)を参照されたい。

動詞 { 動作動詞(主体動作・客体変化動詞、主体動作動詞)
変化動詞(主体変化・動作動詞、主体変化動詞)
心理活動動詞
……………

8)動作の継続、結果の継続、状態の維持に関しては宮島ら(1995)、王(1999a, 2002)参照。

9)ここでは、方式・手段・方法などを一括して「方式」と呼ぶことにした。

参考文献

呂　叔湘　(1980)　《现代汉语八百词》(商务印书馆)

刘月华(等) (1983)　《实用现代汉语语法》(外语教学与研究出版社)

邢　福义　(1998)　《关系词"一边"的配对与单用》(《世界汉语教学》)

依藤　醇　(1992)　「連動式における"着(zhe)"」(『東京外国語大学論集44』)

奥田靖雄　(1985)　『ことばの研究・序説』(むぎ書房)

奥田靖雄　(1993)　「動詞の終止形その(1)(2)(3)」(『教育国語』2, 9/12/13 む

ぎ書房)

高橋太郎　(1985)　『現代日本語動詞のアスペクトとテンス』(秀英出版)

森山卓郎　(1988)　『日本語動詞述語文の研究』(明治書院)

言語学研究会・構文論グループ　(1989)「なかどめ」(『ことばの科学2』むぎ書房)

新川　忠　(1989)　「なかどめ」(『教育国語99』むぎ書房)

益岡隆志ら(1992)　『基礎日本語文法―改訂版―』(くろしお出版)

宮島達夫ら(1995)　『日本語類義表現の文法(下)』(くろしお出版)

仁田義雄　(1995)　「シテ形接続をめぐって」(『複文の研究(上)』くろしお出版)

工藤真由美(1995)　『アスペクト・テンス体系とテクスト』(ひつじ書房)

全　成龍　(1997)　「現代日本語の動詞のなかどめの構文論的な研究」(博士論文)

王　学群　(1999a)「中国語の"Ｖ着"について」『現代中国語研究論集』(中国書店)

王　学群　(1999b)「中国語の"Ｖ着"についての一考察―思考・心理活動動詞を中心に」(『中国語論集』荒屋勸教授古希記念行事委員会編　白帝社)

王　学群　(2001)「地の文における"V着(zhe)"のふるまいについて」(『日中言語対照研究論集3』日中言語対照研究会編、白帝社)

王　学群　(2002)　「"Ｖ着"再考」(『日本語と中国語のアスペクト』日中対照言語学会編、白帝社)

［付記］

　本章は、『日中言語対照研究論集』(第6号、日中対照言語学会編、白帝社、2004)に掲載された論文(「付帯状況を表す"Ｖ着"について」)をもとに加筆・修正したものです。

第7章
"把…Ｖ着"の構造について

内容提要

　　本章从若干个层面对"把…Ｖ着"这一结构的基本句式、成句问题、语义特征以及该结构与动词类别、与具体语境的关联等进行了较为详细的考察。笔者认为：1)"把…Ｖ着"的基本句式有(A)(B)两种；2)成句问题起因于普通"把"字结构和普通"Ｖ着"结构，以"把…Ｖ着"结构成局时一般需添加附加成分，否则难于自主成局；3)用在该句式的动词一般动作性较弱，常呈现"附着"特征。虽然个别动作性强的动词也可用在该句式里，但一般用在连动式里或者表示有规律的运动句子里。e—2类和视觉动词一般用在句式(B)里；4)"把…着"的语义特征是N1对N2施加积极的影响，致使其形成某种状态，这种状态再通过"Ｖ着"呈现出来；5)从语用的角度来看，"把…Ｖ着"结构一般用在表示因果关系意义的一个完整语段里，"把…Ｖ着"在这种语境里一般承担"手段(或间接结果)"的角色。

キーワード：構文形態、意味特徴、成句問題、動詞の類、コンテクスト

目次

1. はじめに
2. 先行研究
3. 構文形態

4. "成句" 問題

5. 動詞の類と "把…V着" の構造

6. "把…V着" 構造とコンテクスト

  6.1 原因＋ "把…V着" (手段・方式・方法)＋目的

  6.2 原因＋ "把…V着" (結果) (＋説明・評価・叙述)

  6.3 きっかけ＋ "把…V着" (状況描写)＋評価・説明・叙述

  6.4 きっかけ＋手段("把…V着")＋原因

  6.5 きっかけ＋ "把…V着" (命令) (＋説明・叙述)

7. おわりに

1. はじめに

　本章における "把…V着" という構造の中の "把" は、介詞 (前置詞)の "把" であり、"着" は "zhe" と発音する場合である。具体的に言えば、次のような場合である。

    (1) "荷老看怎样？" "这个…" 冠先生把眼皮垂着, 嘴张着一点, (四世同堂)

    (2) 一切都是尊贵的, 她把他们的情意留着, 甚至是一枝花, (流金岁月)

　この二例の "把" はどれも介詞で、動詞の後ろに付いている "着" は "zhe" と発音する場合である。また、互いに直接な関係を有するひとつの文構造の中で "把…V着" が使われている。本章は、このような場合を "把…V着" の構造と見なす。また、"将(jiang)…着(zhe)" は、用例が少ないが[1)]、"把…V着" と同じ用法で考察の対象とする。ただ、次のような場合を "把…V着" の構造とは見なさない。

    (3) 他也不说什么, 就带笑地把海臣送到觉新面前要他牵着, 自己… (家)

    (4) 他把脸扭过来, 盯着晓雪的眼睛, "晓雪, 我已正式提出跟她离婚了,"

      (牵手)

"把…Ｖ着"の構造について

(5) 这轻轻的一叫还是把晓雪吓着了。办辞困戮，痛紧张地站了起来。(牵手)

　例(3)は、確かにひとつの文の中で前置詞の"把"と"zhe"と発音する"着"が使われているが、"把…"と直接に関係している動詞部分は、"送到"であって、"牵着"とは構造的な関係を持っていない。また、例(4)は、意味的には処置(または「させる」)という働きをしていて目を"晓雪"の方にむけさせて見つめていることが考えられるが、"把"と直接な関係を持っているのは、"扭过来"であるので、やはり"把…着"の構造と見なさない。さらに例(5)は、一見して"把…Ｖ着"という構造に見えるが、この例の"着"は"zhao"と発音し、結果補語の場合であって、当構造には属さない。従って、今回の考察の対象は、例(1)(2)のように、介詞"把"の部分と"Ｖ着(zhe)"の部分がひとつの関係を持った構造(＝直接的な関わりのある構造)の中に属するものでなければならないということになる。ただ"把…Ｖ着"の"Ｖ着"部分がその文の述語であるかどうかを問題としない。

　また、周知のように、"把…Ｖ着"の構造が使われる文は、文学作品の中でそんなに頻繁に用いられてはいない。筆者は、数十冊(約500万字)の小説から例文を採集したが、案外少なく全部で百二十数例しかなかった。この論文は、主にこの百二十数例から得た構文形態、成句問題、動詞の類との関係、意味特徴、場面(文脈)での意味的な関係、などについて述べる。

2. 先行研究

　現代漢語文法書や普通の"把"構造に関する研究論文では、一般的にただ動詞の後ろに"着"が付着すれば"把"構造の文が作れるということだけが紹介されている。これ以上の考察はあまり見られない。それに対して、史金生・胡晓萍(1998)は、《动词带"着"的"把"字结构》という論文で初めて"把…Ｖ着"の構造の中に鍬を入れ、次の三つの問題を考察している。本章では、後節でも触れるので簡単に紹介するだけに止める。

　(イ)"'着'及带'着'的类别"という節では、まず"着"を動作の持続

中国語の"V着"に関する研究

"着p"と状態の持続"着d"に分け、"着p"が付着する動詞を"Va"、"着d"が付着する動詞を"Vb"としている[2]。また、"Va"を"Va1(A, B)"と"Va2"、Vbを"Vb1(A, B, C)"と"Vb2(A, B)"に分けている。

(ロ)"把＋N＋V＋着"的非自足性という節で"把＋N＋V＋着"という構造で命令文以外には単独で文になれないとしているが、一方では、"V着"にも"非自足性"があるとも指摘している。さらに"把＋N＋V＋着"は"也可以通过添加成分的方式转化为自足句"とも述べている。

(ハ)"把＋N＋V＋着"的语义、语用特性という節で"动词带'着'的'把'字结构自足性很弱，一般不单独成句，它与一般'把'字结构一样，经常用于具有目的关系的语境中。"と指摘している。

しかし、この三つの問題に関する史・胡両氏の分析は、まだまだ不十分である。例えば、動詞の類との関係(イ)については、"把…V着"の構造に使われるのはVa1B、Va2、Vb1B・C、Vb2Bに属する動詞であると指摘しているが、どれが"把…V着"の構造の中によく使われるのかについては、全く触れていない。また"把…V着"の"非自足性(ロ)"については付加成分の添加によって"自足性"を高めることができると指摘しているが、その理由については述べていない。さらに語用論のレベル(ハ)では"把…V着"の構造が使われるコンテクストについて考察しているが、非常に表面的である。本章は、史・胡両氏の不十分なところを言及しながら論を展開していく。

3. 構文形態

"把…V着"という構造の場合は、形態的に見れば構文形態が二つある。この点について、史・胡両氏は触れていない。

(A)　N1＋把(将)＋N2＋V着

(B)　(B)N1＋把(将)＋N2＋V着＋N3

この中で、「N1」は主語の部分であり、「N2」は影響(働き)を受ける部分

116

であり、「N3」は結果の部分(＝目的語)である。例(6)(7)構文形態(A)であり、例(8)(9)は構文形態(B)である。

(6) 冯晴岚也一下明白了，她反过来把我紧抱着，热烈地小声(天云山传奇)
(7) 老头抹去泪水，用哆哆嗦嗦的手把孩子向自己的身边拉着，紧紧搂着孩子… (青春之歌)
(8) 葛优：你，保重身体。吕丽萍转过身，把背对着葛优。(万方作品集)
(9) 柳惠光他们也站了起来。徐义德把手指着书房的门，对大家嚷…(上海的早晨)

(A)の場合には、"把"の後ろのN2は"抱着"の目的語が前に取り立てられたものだと考えられるが、(B)の場合には、"把"の後ろのN2は道具的な性格を持っている。N3(葛优)は、"对着"の結果としての目的語である。また、構文形態(A)の場合は、"処置"の意味合いが強いのに対して、(B)の場合は、「させる(致使)」の意味合いが強い。従って、(B)の場合は"使・让"などで言い換えられる場合が少なくない。ただ「させる」にしろ「処置」にしろ、広く解釈すれば「処置」の中に入るのだろうが、構文形態も異なる点を考えれば分けてもよい。また、構文形態(B)の場合には次のような例もあった。

(10) 近七八天来又装神弄鬼把大门上吊着一块红布，干脆不让任何人到…(三里湾)

ここでは"把"の後ろのN2は、場所名詞であり、"吊着"の目的語は"一块红布"である。この例は、"他把一块红布吊在大门上，…"のように言い換えれば、よく使われるパターンになるのだろうが、"大门上"を"把"で取り立てて"吊着一块红布"を強調して述べたいという書き手の意図がその例にあると推察される。

更に二重目的語を要求する動詞の場合は、構文形態(B)の使用が可能であ

中国語の"V着"に関する研究

る。たとえば、次の例(11)はそういう例である。"老汉"はN1 で、"家里发生的事"はN2 で、"瞒着"は"V着"で、"儿子"はN3 であるが、N2 もN3 もどちらも"瞒着"の目的語である。しかし、もしこの例は"老汉一直把家里的事对儿子满着，…"と言い換えれば、構文形態(A)に入れてもよいだろう。

    (11) 听他这么一问，才知道长命老汉一直<u>把家里发生的事瞒着儿子</u>。 (袁
        九斤的故事)

4. "成句"問題

  "把…V着"は、特殊な構文形態なので、当然ながら成句問題がある[3]。これについては、普通の"把"構造と普通の"V着"構造から解答を求めることができる。

    (12) 我把那个杯子放。
    (13) 他把队出发走了。
    (14) 他们开着会   他们开着会，外面下起雪来了。
    (15) 大家夸着你，……   大家夸着你呢。

  例(12)は普通の"把"構造の場合であるが、「P」という、動詞(V)によって働きかけてもたらした結果（影響・状態）部分が欠如しているので、文が終わっていないという点から見れば、非文になるが、"我把那个杯子放在桌子上了。"のように「P」という部分を書き加えれば、自然な文になる。また、例(13)は、動詞の種類に関係があるが、例えば、"他把队伍集合起来了。"のように他動詞"集合"にすれば、自然な文になる。それゆえ、普通の"把"構造の文であっても相当な制限を受けているということが言える。また、例(14)(15)は、普通の"V着"の場合であるが、右のようになってはじめてすわりが良くなる。そうでなければ、左のままでは、不自然さが残る[4]。

118

“把…Ｖ着”の構造について

　このように見れば、普通の“把”構造の場合も普通の“Ｖ着”構造の場合も成句問題があることがわかる。従って、この二つの構造で作られた“把……Ｖ着”の構造が成句問題においていっそう制限が加えられていることは当然である。次のような例は、“把…Ｖ着”の構造の文であるが、それぞれひとつの完全な文としては不自然さが感じられる。

　　(16) 他把那颗豆子煮着。

　　(17) 他把那两天存着。

　　(18) 他把身体扭着。

　史金生・胡晓萍(1998)は《动词带“着”的“把”字结构》という論文で、郭锐(1997)の《过程和非过程——汉语谓词性成分的两种外在时间类型》という論文の説を引用しながら、“根据郭锐(1997)的考察，‘着ｄ’不是过程的标记，带‘着ｄ’的谓语性成分成句时一般表示祈使、意愿等义，是非过程成分的特征。Ｖ着ｄ表示的是一种状态，它有非自足性，如果要成句则要带上表过程的成分。”と述べているが、それなら、“着ｐ”はどうだろうか？郭锐(1997)の説によると“从时状角度看，两者也不相同，‘着１’是过程标记，而‘着２’不是”[5]。この郭锐(1997)の説に従えば、“着１”すなわち“着ｐ”に成句作用があるということになるのだが、黄南松(1994) 陈刚(1980)によって明らかにされたように、どちらも成句作用が弱いのである。ただなぜ成句作用が弱いのか、まだ述べられていない。

　筆者は、“Ｖ着”はなぜ成句作用が弱いのかについて次のように考えている。“Ｖ着”は、文中で主に機能的に(動的・静的な)状態が継続中であることを描写するのに使用され、おさまり性が弱いのである。それに対して、“呢”などは、文末助詞でおさまり性が強いので“呢”などの後ろに“．”で文を終わらせるのが自然である。“把…Ｖ着”の構造がよく使われる動詞リストの中のものであっても例(16)(17)(18)のような場合では文として不自然さが感じられるが、次のようになれば自然な文になる。

119

中国語の"Ｖ着"に関する研究

(19) 牧羊人回到村里，本想把那颗豆子煮着吃，但馋嘴的大公鸡…(中国
童话百篇)

(20) "曹参谋，你给范司令递个话，把剩下的两天存着，演习结束…。"
(突出重围)

(21) 二喜是实心眼，他拉着板车走时，还老回过头去看看他的新娘，一
看到凤霞扭着身体朝我们哭，他就不走了，站在那里也把身体扭着。
凤霞是越哭越伤心，(活着)

　この三例からわかるように、まず骨組み成分(主語＋把Ｎ＋Ｖ着)だけでは
"把…Ｖ着"の構造の文にはなりにくいが、文が複雑になればなるほど使用
の可能性が高くなる[6]。例(19)は、方式・手段という文法的な意味で文の中に
入っているので、自然さを保っている。例(20)は、前後関係の助けによって
成立しているが、一般的には文が続く場合、即ち"，"であって、言い切り、
即ち"。"にはなれない。例(21)は、"。"になってはいるが、前の文との対
比の中でバランスを取っているので、場面依存度が高いのが明らかである[7]。
　ただ前述した構文形態(B)の場合に、"Ｖ着"の後ろに結果部分としての
目的語があるので、例(22)のように成句作用が強くなるが、それが"Ｖ着"
によるものではなく、結果部分(目的語)があるからである。

(22) "老许!成岗热情地呼唤着，把火热的胸膛贴着他。"(红岩)

　このような理由により、構文形態(A)より構文形態(B)のほうが成句作用が
強いということが言える。構文形態(A)においては、最も成立しやすいのが
方式・手段・方法を表す場合である。例(19)はそういう例であるが、統計的に
見れば、68例の中の19例がこの用法に入る。

(23) 我和姐姐把妹妹用被单裹着埋在妈的怀里。(白桦文选)

120

"把…V着"の構造について

(24) 他把头侧着去看觉民，嘴唇又动了一下。觉民叫了一声："爷爷!"（家）

　また、次の例(25)のように、文の形ではあるが、主文ではなく付帯状況を表す従文になっている。この例では、"…，把小的纸旗倒提着，…"という"从句"によって"由各处向天安门进行。"の時における学生の動くすがたが付帯状況として描写されている。

(25) 低着头，含着泪，把小的纸旗倒提着，他们排着队，象送父母的丧似的，由各处向天安门进行。《四世同堂》

　このように、命令文を除くと"把…V着"という骨組み成分だけで文を成立させるのは相当困難である。それは、前述したように"把…V着"の構造でできた文が、文中で主に機能的に(動的・静的な)状態が継続中であることを描写するのに使用され、おさまり性が弱いからである。
　普通の"把"構造の場合は、動詞の前後に付加成分を添加できる。"把…V着"構造の場合もできる。構文形態(B)が"V着＋目的語"になれるのを除いて、一般にその前に付加成分を添加するが、"V着"の後ろに添加する場合もある。ただ命令文の場合には、添加成分がなくても"把…V着"の構造の文としては単独で成立する。

(26) 你把门开着!
(27) 你把那本书拿着!
(28) "你先把包扣着，我去拿钱。"（十年旅痕）

　以上は命令文の例であるが、以下は付加成分が使われる命令文以外の例である。この場合は、付加成分の添加によって、N1 がN2 に積極的に働きかけて生じる結果を鮮明に指し出すため文としてすわりがよくなっている。これはまさに"把…V着"という構造の特徴である。例えば、例(29)では、"在

121

耳朵上"によってＮ１のN2への積極的な働きかけとその結果状態が全面に
指し出されている。

(29) 有时候也把半截烟放在耳朵上夹着，不为那个地方方便。(骆驼祥
子)(方位成分)

(30) 冯晴岚也一下明白了，她反过来把我紧抱着，热烈地小声地…(天云
山传奇)(状況成分)

(31) 南孙轻轻把耳朵贴着锁锁腹部，猛不防一下颇为强烈的…(流金岁
月)(方位目的語)

(32) 他一直把那张画儿挂着，从来也不摘下来。(頻度・回数成分)

(33) 以军人作首领，而把政治用刺刀挑着。但是，这样去做，～。(四世
同堂)(道具成分)

(34) "样子一定不好看，所以把这几本书摊放着的。"（５４短篇小说）
（〈オ〉～的）

(35) 说着一些气头话;接着便伸出两只手把那正在吃着奶的黑羊羔抱着。
回头就走。（５４短篇小说）<連体修飾語(定語)＋N2>

(36) 他不说话，把我桌上摆的照片拿来玩弄着，这照片是我侄子的一个刚
满一岁的女儿的。（５４短篇小说）<連動成分>

(37) "我拉你回去是要你干活，不是把你当爹来养着的。"(活着)(是～的)

　史・胡両氏は例(29)～（33）までの付加成分については述べているが、その
理由については、述べていない。また、文の付加成分を添加するだけでは、
必ずしも"把…Ｖ着"の構造の文が成立するとは限らない。文脈の助けも、
非常に重要である。つまり、付加成分の添加は内部構造(文構造)の問題であ
り、文脈の問題は、外部構造(テクスト構造)の問題である。また、動詞の前後
に付加成分を添加することによって文としての"自足性"を高めるという点
からみれば、普通の"把"構造の文とはあまり変わらない [8]。なお、例(36)
のような動作の継続を表す例は、集めた例文から見れば、連動式または"有

規律"の連続的な動作に限っている。

5. 動詞の類と"把…V着"の構造

　確かに動詞を分類して考察するのは非常に建設的であるが、史・胡両氏のように"着"を二つに分けて動詞を分類することに対しては、筆者は賛成できない。もし"着"を動詞の後ろに付着する語尾形態として考えるのなら、"着"による動詞の分類は本末を転倒しておかしくなる。また、"着"で分けることによって動詞の語彙的な意味と文法的な特徴などを無視して動詞を二つに分けるということになるのである。少なくとも動詞の語彙的な意味と文法的な特徴という二側面を考慮に入れて動詞を分類するのが賢明であろう。たとえば、"他正在不停地往桌子上放着书。"と"他发现小李的桌子上放着一本书。"の中の"放"は、動態(動作の継続)も状態(結果の継続)も表すので、彼らの考え方に従えば"着p"にも"着b"にも属するが、このように分類すると"放"という動詞の語彙的な意味と文法的な特徴を無視したことになる。従って、本章は、この節で動詞の語彙的な意味や文法的な意味などに注目しながら、実際、"把…V着"の構造の中で使われる動詞をリストにして考察・分析してみたい。

　採集した例文から見れば、"把…V着"の構造に使われる動詞の種類はある一定の範囲に限定されていることがわかる。具体的には、次のような動詞が使われている。

(a) 煮着、合着、叠着、关着、(模様替え)

(b) 搭着、提着、挑着、举着、抬着、担着、端着、扶着、背着、抱着、

(c) 留着、保留着、存着、放着、摊放着、隐藏着、珍藏着、锁着、藏着、夹着、扣着、掂着、吊着、攒着、凉着(取りつけ・付着)

(d) 掏着(取り外し)

(e) 　e−1 闭着、突着、扭着、垂着、皱着、歪着
　　　e−2 靠着、对着、贴着、蒙着、指着、朝着、顶着 (身体に部分的〈方向〉

123

変化を与えるもの)

(f) 翻着、拍打着、玩弄着、吹着、吻着、咬着、握着、拥抱着、簇拥着、抓着、
按着、拉着、枕着(接触)

(g) 盯着、看着、直视着、倾注着、望着、仇视着、注视着(視覚)

(h) 满着、哄着、忍着、养着(抽象的なもの)

　まず以上のリストから、基本的に動作動詞の中から使われることが分かる。
これらの動作動詞は、主体、動作、目的語の三者関係から基本的に二つのグ
ループに分けられる。１つは、主体の動作を表すだけではなく、客体にも働
きかけて変化を与えるもので、もう一つは、主体動作だけを表すものである。
前者は、おもに客体に模様替えや取りつけ・付着という位置変化や取り外し
や移し替えや領有関係などの意味特徴を持っているものであり、後者は、客
体に動きを与えるものや客体に接触するものや飲食を表すものや調査・研究
活動を表すものや言語・視覚・聴覚活動を表すものや移動の様相を表すもの
や体育・娯楽を表すものなどである。上記のリストの中で前者と後者に属す
るのは、それぞれ(a)(b)(c)(d)(e)と(f)(g)(h)である。

　(a)の場合は、模様替え動詞であるが、"煮着""合着""叠着"は手段と
いう意味用法での用例である(例38)。"关着"は、"关"という動作が実現
後の継続中にある状態を表すものである(例39)。(b)(c)は、取りつけ・付着と
いう意味特徴をもつ動詞の場合であるが、この類の動詞は、①"把…V着"
で動作を実現させてそれを状態のように引き続き保持する、②また動作の結
果としての継続的な状態を表す、③さらに方式、手段(または付帯状況)とい
う用法を表すのに用いられる(例40、41、42)。(d)に属する動詞は、"掏着"
の１つしかなかったが、それは、当然と言えば当然なことであるが、"掏着"
は、取り外し動詞であって、継続的な動的状態、つまり"V着"で動作の継
続しか表せないからである(例43)。(e)は、身体に部分的(方向)変化を与える
ものである。この場合は、再帰的な場合とそうでない場合がそれぞれ半々で
あるが、その動作を実現させてそのまま一種の状態としてそれを保持すると
いう特徴がある(例44、45)。(f)は接触動詞の場合である。この場合も、同じ

"把…Ｖ着"の構造について

くその動作を実現させてそのまま一種の状態としてそれを保持するという
特徴があるが、少数の動詞は、動詞の性格からか、動作の継続を表す例がある。この場合は、一定の文構造(付加成分など)やコンテクストの助けが強く
求められる。ただしこれらは動作の継続でありながら、一種の動的な状態と
してしか捉えられていない(例 46，47，48)。(g)は視覚動詞の場合である(例
49)。(h)は抽象的な動詞の場合であるが用例が少ない(例 50)。

(38) 牧羊人回到村里，本想把那颗豆子煮着吃，但馋嘴的大公鸡…(中国
童话百篇)

(39) 我发现她独自坐在光线昏暗的桌前，把窗帘严严地关着。我探过头
去…（轮椅上的梦）

(40) 蓝东阳把干事的绸条还在衣袋里藏着，不敢挂出来。(四世同堂)

(41) 低着头，含着泪，把小的纸旗倒提着，他们排着队，象送父母…(四
世同堂)

(42) "他没有死呀。数和我看见有两肖客悄戮讷缃流揽九位。" "啊…送
回来了？(高玉宝)

(43) "…，你让我留下就留下吧。"又把包里的东西朝外掏着，"你…？"
(突出重围)

(44) 一看到凤霞扭着身体朝我们哭，他就不走了，站在那里也把身体扭
着。(活着)

(45) 她只好把面孔对着客厅的门口，尽可能不和…(上海的早晨)

(46) 野猫子狠狠地看了我一眼，把嘴唇紧紧地闭着，两只嘴角朝下一弯，
（54 短篇小说)

(47) 见瘦长妥虑短术，戮们办拥缉惧，悄短术债缃舰跑。瘦长见玉宝跑
了，(高玉宝)

(48) 他便把他画的那些图一张一张翻着解释给灵芝看。(三里湾)

(49) 说到这里，他突然把眼光盯着道静，严肃地问她道：(青春之歌)

(50) 老丁…小声哀求地说着什么，总算是把她慢慢哄着送到门外去了…
(白桦文选)

125

中国語の“Ｖ着”に関する研究

　この動詞リストから分かることは、(b)(c)(e)(f)に属する動詞が“把…Ｖ着”の構造を作る中心的な動詞である。現象的に見れば、動作動詞でありながら動きの少ない動詞または取り付け・付着という意味特徴を持っている動詞に限っている。また、集めた用例からみれば、(a)(g)(h)の動詞の場合には、動きの少ない動詞であるか、または手段・方式(付帯状況)を表す場合に限っている。また、以上の例から、N1は、意識的にある動作を行い、また意識的にその動作による動的なまたは静的な状態を保持するという意味合いがあることがわかる。それは、“処置(致使)”という意味特徴のことである。たとえば、例(40)の“把窗帘严严地关着”は、動作が実現後の継続中の状態であるが、N1は意識的にそうさせているような表現である。

　また、形態的に見れば、「e−2」と「g」は前述した構文形態(B)「N1＋把(将)＋N2＋Ｖ着＋N3」には用いられるが、(A)「N1＋把(将)＋N2＋Ｖ着」には一般的に用いられない。そしてリストからわかるように、(B)に用いられるのは、身体に部分的(方向)変化を与える動詞(e-2)と視覚動詞(g)である。用例分布は次のようである。

対着	21例	転対着	1例	蒙着	1例	直視着	1例
朝着	5例	冲着	2例	望着	4例	注視着	1例
贴着	4例	靠着	1例	倾注着	1例	看着 (A)1, (B)1例	
指着	1例	頂着	1例	盯着	2例		

　(“看着”には、構文形態(A)の例と(B)のが一例ずつある。)

　これらの動詞で作られた“把…Ｖ着”という構造の中の“把”は、前述したように“使・让・用・拿”などで言い換えられる場合が多い。特に視覚動詞の場合である。この場合、N2は“眼・眼光・目光”などで、N3は人名詞である。しかし、逆に次の例のように“用…Ｖ着”を用いた例が“把…Ｖ着”で全部言い換えられないことは、構文形態(B)も“把…Ｖ着”の構造の中に入れるべき証左でもある。というのは、この場合も“処置(致使)”という意味特徴をもっているからである。

"把…V着"の構造について

(51) 驼背老猴睬都不睬他，只是转过身来，<u>用背朝着他</u>，"哈哈，"小
猴笑得更开心了。(中国童话百篇)

(52) 于是，两只大狗熊，<u>用一根粗树枝</u>，"嗬唷，嗬唷，地抬着虎部长
奔动物园去了。(中国童话百篇)

(53) 爸爸妈妈听了非常高兴，向超级博士道了十二次谢，<u>马上用自行车
驮着圆圆来到幼儿园</u>。(中国童话百篇)

　例(51)は、"把…V着"の構造になれるが、例(52)(53)は、道具の性格が前
面に出されているので現代漢語においては、"用"を選択するのが一般的であ
る。

　また、視覚動詞以外の動詞グループの「e-2」は、"N1＋把(将)＋N2＋V着
＋N3"に用いられる場合、基本的に視覚動詞と同じであるが、次の例のよ
うに"用"で言い換えると不自然さが多少感じられる[9]。要するに、「e-2」グ
ループの動詞にせよ視覚動詞にせよ、いずれも「処置」または「させる」という
意味特徴をもっているのである。ただこの場合は、すでに明らかにされてい
るように、「e-2」グループと視覚動詞に限られている。

(54) 郭鹏听到余静又提到原棉问题，<u>马上把脸转对着窗户</u>，凝视着矗立
在天空中的高大的烟囱。(上海的早晨)

(55) <u>赤利把尾巴朝着文苏苏轻轻摇动</u>，并伸出舌头磨磨牙齿。(中国50年
儿童文学名家作品)

6. "把…V着"の構造とコンテクスト

　どの文章にも作者(書き手)の意図を反映する全体的な流れがある。これは
文章全体の結構(＝筋)である。また、段落と段落も互いに有機的につながっ
ている。さらにひとつの段落の中において文と文も有機的につながっている。
普段これは文脈(コンテクスト)と呼ばれている[10]。勿論のことであるが、"把
…V着"の構造が使われるときにも一定の言語環境＝文脈が必要である。こ
こでは"把…V着"の構造の前後に用いられる文を対象に、互いにどのよう

な意味的な関係があるのかを検討してみたい。

　史・胡両氏は、前述した論文で"把…V着"構造について語用論の観点から分析し、それを主に以下のようにまとめている。

　　1、"把NV着"(方式)+目的

　　○ 但不管怎样，家里总还是不放心她，死死地把她扭着，不让她呼吸一口新鲜空气。(太阳照在桑干河上)

　　2、"把NV着"+评价

　　○ 她把一头乌油油的发用一条小手帕系着，飘飘洒洒洋溢着风情，柳眼眉腮上凝着星星点点的羞涩。(断手)

　　3、手段+"把NV着"(目的)

　　○转转这个，转转那介，把红鱼要一点不差地朝着他。(老舍《黑李白》)

　史・胡両氏は、語用論の観点で"把…V着"の構造が使われる具体的な使用場面まで追究している。この点では非常に優れているが、しかしまだ羅列的にあげてあるだけである。また、"把…V着"の構造はこの三つの意味的な関係の中にだけ使われるのか、さらにこの三つの中でどれが"把…V着"という構造の最も基本的なパターンなのか、まだ明かされていない。

　ところで、採集した例文から見れば、"把…V着"の構造は基本的に一定の因果関係の中で何かの目的のために使用されるという特徴がある。つまり、因果関係のある、ひとまとまりの意味を表す一区切り(＝文のかたまり)の中で使われているのである。これは、"把…V着"という構造が使用される基本的なコンテクストである。このようなコンテクストの中で"把…V着"によってその目的のために取られた手段・方式・方法などを表す場合が多い。具体的に見れば、本構造は、次のように使われている。

6.1 原因＋"把…V着"(手段・方式・方法)＋目的

　この場合は、コンテクストの中で"把…V着"構造より先に原因と考えられる部分があって、その次に手段(以下は便宜的に「手段・方式・方法」を纏めて「手段」と呼ぶことにする)としての"把…V着"構造が使われ、さらにその次には目的を表す部分が現れるのである。これは、普通の"把"構造と同

"把…V着"の構造について

じく"把…V着"の典型的なパターンである[11]。

(56) 她们说她得意；也不能严肃得像是板面孔，怕客人以为她在生气。她只好把面孔对着客厅的门口，尽可能不和她们面对面。(上海的早晨)

(57) 战场早安静下来了，只有四处冒出的黑烟在娓娓讲述着，讲述着刚刚结束的一场厮杀。方英达将脸紧紧贴着玻璃，仔仔细细地看着，凝神静气地倾听着。六十三年历史的可以纪念的瞬间，穿破了物理的时空，在方英达宽阔无边的心理时空中飘移着，似有无形的丹青妙手，巧妙地移动着这些瞬间，渐渐地，这些瞬间组成了一幅色彩斑斓的长卷。(突出重围)

(58) 他走到卧室跟前，房门却关得紧紧的，里面不时传出轻微的亲密的谈话声。他心头一愣，在门外站住了，没有敲门。等了一会，他好奇地弯下腰去，把左眼紧贴着门上钥匙的孔，屏住呼吸，细细往里面看。(上海的早晨)

例(56)(57)(58)は、因果関係のあるひとまとまりの意味を表す一区切りの中で使用されている。この中では、下線部は原因を表す部分で、二重下線部は手段を表す部分で、波線部は目的を表す部分である。たとえば、例(56)では、"…，怕客人以为她在生气"と言われたので彼女は"把面孔对着客厅的门口"という手段(行動)をとったと考えられ、また、この手段をとったのは"尽可能不和她们面对面"という目的のためである。次の例は多少深層の意味まで読まなければならないかも知れないが、同じグループと考えてもよいだろう。

(59) 管秀芬每一句话都像是一根犀利的针，刺在谭招弟的心眼上，痛得叫她流出眼泪来，可是又不得不把眼泪忍着，往肚里倒流。(上海的早晨)

(60) 巧珠心里有点着急了，等会妈妈上工去，要是忘了，书包就买不回来了。她有意站在妈妈旁边，把头歪着，一个劲对着妈妈，忍不住说

129

道:"妈妈，你答应我的事，不要忘记哪。"(上海的早晨)

(61) 朱铁汉看看张金发那张忽然发光闪亮的脸，就使劲摇头，说："我看哪，把你这一套端着，咱们到会上去摆。" (金光大道)

(62) 夏世富在朱延年面前仿佛是一架自动机器，听凭朱延年指挥。这架自动机器向来没主见的。今天上台，难道也攻击朱延年一番吗？她把耳朵冲着墙那边，凝神地听。(上海的早晨)

　例(61)では、"朱铁汉"は"张金发"を一生懸命に説得したが全く駄目だった。そして"张金发"の顔からもうこれ以上説得しても効果がないと分かったので、"把你这一套端着"という"把…Ｖ着"を使って"咱们到会上去摆"に発展させたわけである。このような意味関係から見ればやはり例(56)(57)(58)と同じパターンと考えられる。

　例(63)は、下線部が原因と考えられるが、二重下線部は否定のため原因とも考えられる。ただ"他从口袋里把绸条拿出来，是为了挂起来"というように肯定的に考えられないことはない。さらに例(64)は、目的の部分がはっきりしていて原因と考えられる部分はあまりはっきりしていない。しかし下線部からは彼が悪いほうに変わったことを推測することができる。そうするとタバコを耳に挟む場合もあるであろう。

(63) 天安门的庄严尊傲使他们沉默，羞愧——多么体面的城，多么可耻的人啊！蓝东阳把干事的绸条还在衣袋里藏着，不敢挂出来。他立在离学生差不多有半里远的地方，不敢挤在人群里。(四世同堂)

(64) 身量还是那么高，可是那股正气没有了，肩头故意的往前松着些，搭拉着嘴，唇间叼着烟卷。有时候也把半截烟放在耳朵上夹着，不为那个地方方便，而专为耍个飘儿。(骆驼祥子)

6.2 原因＋"把…Ｖ着"（結果）（＋説明・評価・叙述）

　この用法は、むしろ因果関係が最も完全な場合である。この場合は、結果部分を表すものとして"把…Ｖ着"の構造が使われる。勿論結果の中に手段

という意味特徴がすでに含まれている。

(65) "家珍，今天是办喜事，你该笑。"二喜是实心眼，他拉着板车走时，还老回过头去看看他的新娘，*一看到凤霞扭着身体朝我们哭，他就不走了，站在那里也把身体扭着。*凤霞是越哭越伤心，肩膀也一抖一抖了，让我这个做爹的心里一抽一抽。(活着)

(66) "*我并不在看书，不过什么也不做呆坐在这里，样子一定不好看，所以把这几本书摊放着的。*"她听了我的话，又深深的看了我一眼，作了一种不了解的形容，依旧的走到她的房里去了。(５４短篇小说)

(67) 一看见自己那个胖妈妈，她就一下子醒了过来。她认为她没那个福气。*她不把眼睛对着刘小奎，*只瞧着地下，一面咬着芭蕉扇的边。(54短篇小说)

　この三例は、どれも何かの原因で、ある種の結果としての手段を取ったものであるが、目的を表す部分は文字化されていない。ただこの三例からは、"想看看她为什么哭(例65)""想摆个样子(例66)""想避开刘小奎的视线(例67)"というような目的としての部分が考えられる。この意味ではまだ「原因＋"把…Ｖ着"(手段)＋目的」という用法のバリエーションに過ぎない。また次の例の場合、"把…Ｖ着"の構造は、手段を表す一成分として働いていて文の述語にかかっている。下線部は原因と考えられる部分で、斜体・波線部は「手段＋目的」の部分である。そしてその後ろに説明・評価の文が続いている。やはり「原因＋"把…Ｖ着"(手段)＋目的」という用法のバリエーションと考えられる。

(68) 承认吧，如何看待我的一头比女人都女的秀发呢？*在索奇的暗示下，这群人把我簇拥着走到他们称为大广场的地方，*其实它只有足球场那么大。太夸张了吧！(白桦文选)

(69) *要埋有庆了，我又舍不得。*我坐在爹娘的坟前，*把儿子抱着不肯松手，*我让他的脸贴在我脖子上，有庆的脸像是冻坏了，冷冰冰地压

在我脖子上。(活着)

(70)"一位搞建设的专家，看了他的那本关于天云山的著作以后，你猜怎么着，辞着我张开两条膀子，大声叫好，要不是因为我是个女的，*他肯定要把我抱着跳起来*。我看到他那激动的样子，我就更加明白了它的价值了。这就是我要告诉你的第二个好消息。"（天云山传奇）

さらに次の例では、コンピュータの専門家である"朱海鹏"の恋人は、彼と意見の違いによって軍事演習の司令部から離れようとするのだが、"朱海鹏"に説得されてまた司令部に残ることを決めての会話である。この中で場面描写として"把…V着"の構造が使われている。従って、残ることを決めたという前提で、鞄の中に片付けたものをまた鞄から取り出している。動作の継続であるが、やはり「原因＋結果」という関係の中で用いられている。そして"把…V着"の構造で表している動作は後ろの波線部分にかかっている。

(71) "好，好，我留下，你让我留下就留下吧。"*又把包里的东西朝外掏着*，"你怎么不在指挥岗位上？" 朱海鹏说："部队已经撤了回来。(突出重围)

6.3 きっかけ＋"把…V着"（状況描写）＋評価・説明・叙述

ここでは"把…V着"の構造を引き出す文脈のことを「きっかけ」と呼んでいる。この場合は、文脈の中で原因らしい原因が書かれていないが、漠然とではあるが、"把…V着"の構造を使用する動機が文脈から読み取れないでもない。たとえば、例(72)では、作者は作品の中の彼女が普段感傷的になりやすい性格の持ち主であることを彼女自身の言葉を通して読者に伝えている。このような性格があるので話をするとき、"眉毛紧皱"というようになると推測できる。

(72) "我还是这个样子，只是近年来容易伤感，常常无端地伤心起来，自己也不知道是什么缘故。"*她说话时把眉毛紧皱着*，跟从前并没

有两样，不过如今显得更动人了。她又加了一句："本来我生性就是多愁善感的。"（家）

(73) "那么，是我的救星了!"野猫子恨恨地看了我一眼，<u>把嘴唇紧紧地闭着</u>，两只嘴角朝下一弯，傲然地说："我怕什么?…爸爸说的，我们原是在刀上过日子哪!迟早总有那么一天的!"(54 短篇小说)

(74) 未满三十的苗壮的农妇，像高射炮一样，说着一些气头话;<u>接着便伸出两只手把那正在吃着奶的黑羊羔抱着</u>。回头就走。（54 短篇小说）

(75) 她的母亲一面痛哭，一面用手捶棺盖;<u>她的幼弟把头靠着棺材哀声唤"姐姐"</u>;琴把右手放在棺上让头枕着，低声在那里哭，这就是被梅的命运所威胁的琴。(家)

前三例(72)(73)(74)は話し手の表情(例72・73)・姿勢変化(例74)をとらえ、その時の話し手の状況を描写している。また例(75)は、"头靠着棺材"という姿勢をとり、"姐姐"を呼んでいる幼い弟の状況を描写している。さらに"把…着"の構造の前後にある文と文との関係から見れば、前三例には、付帯状況=副動作と主動作との修飾・被修飾の関係があり、例(75)には「手段＋動作」という修飾と被修飾の関係がある。

6.4 きっかけ＋手段（"把…V着"）＋原因

この場合は、まず"把…V着"の構造を引き出す文脈があって、その後ろには手段、原因を表す部分が続いている。二重下線部は手段の部分で、波線部は原因の部分である。例えば(例76)、"唯恐别人看见他的秘密"という原因で"他自己把心关着"という行動を取ったのである。また、目的も文脈の中から、"尽量不跟别人说话(例76)"、"不让她用厨房(例77)"が読み取れる。この点から見れば、「原因＋"把…V着"(手段)＋目的語」のバリエーションである。

(76) "我很想对他好一点。可是我每次见到他，想跟他多说几句话，他却把他的心关起来，"琴诚恳地说，似乎在向谁辩解似的。她看见觉民

弟兄不答话，便继续说下去："<u>他自己把心关着</u>，唯恐别人看见他的秘密，你想这样一来别人怎么跟他接近?"(家)

(77) 王纯接电话回来，进门厅后正好听到老乔一家在议论她，不由地站住了。"…你说你妈，"这是老乔的声音，"<u>整天把个厨房锁着</u>，就算人家用你点儿煤气，她一个单身女子又不常在家，能用多少?况且人家用不用你的还难说。厨房进不去，人家没地儿洗碗只好在卫生间里洗，<u>你妈就嫌人家把洗脸池子弄得油呼呼的</u>…"(牵手)

6.5 きっかけ＋"把…V着"（命令）（＋説明・叙述）

　命令を表す場合にもやはり因果関係のあるひとまとまりの意味を表す一区切りの中で使われている。この場合は、会話文に限っているが、言語環境は勿論、背景などの非言語的な環境もこの中に入る。たとえば、例(78)は、お金が足りないというコンテクストの中で使われている。やはりバリエーションとしてもよいだろう。

(78) "总共多少钱?"我问老板。"２０元钱。"我掏出所有的钱。"<u>还差6元钱</u>。"厂老板数一数钞票，鼓着眼说，"<u>你先把包扣着，我去拿钱</u>。"话虽这样说，却并不是有钱可拿，只是想先摆脱窘境，再做道理。(十年旅痕)

(79) 正如徐蓓莎所猜测的，玛莉端着一碗还冒着白烟的药汤进来。"奶妈，<u>您把药搁着吧！我待会儿再喝</u>。"(偷情狂徒)

(80) 天地良心，<u>我原本不是想打他</u>。说真的，<u>我怎么敢把枪口对着他呀！我怕他，想把枪还给他</u>。(白桦文选)

　ところで、次の例(81)(82)のように、ただ一定の文脈の中で、ある人物の状況についてを描写する例として使われている場合もある。このような例があることは、普通の"V着"とのつながりを逆の方向から示しているとも言える。

134

（81） "啥辰光发工资呀？" <u>巧珠把小食指放在嘴角上咬着</u>，她希望今天发工资，晚上就看到新书包。(上海的早晨)

（82） "先吃阿斯匹灵，快!" 常鸣对她笑了。笑里含着被对方的真情感动了的意思。他吃了药，<u>把一双胳膊交叉在脑袋下边枕着</u>。"你昨天下水着凉了。" 白慧说。(冯冀才文选)

7. おわりに

以上、"把…Ｖ着"の構造についていくつかの側面から述べてきたが、主な点を以下にまとめる。

ⅰ．構文形態。本構造には二つの構文形態(A・B)がある。(B)の場合、動詞は基本的に「e—2」グループと「ｇ」グループに限られている。またＮ3 が使われるのが義務的であるので、(A)よりは単独で文として成立する可能性が高い。

ⅱ．意味特徴。"把…Ｖ着"の構造全体の意味特徴は、Ｎ1 はＶ着を通してＮ2 に積極的に働きかけ、またＶ着(Ｎ3)を通してその働きかけによって生じる(静的・動的)状態を指し出す。従って、Ｎ1はシテで、Ｎ2 はウケテで、Ｖ着(Ｎ3)はＮ1 によってＮ2 に積極的に働きかけて生じる結果である。これをひとつの言葉で表せば、従来通りの"処置(致使)"になるが、これは、動詞だけによるものではなく、本構造全体で作る意味的な特徴である。従って、Ｎ1 は、意識的にある動作を行い、また意識的にその動作による動的なまたは静的な状態を保持するという意味合いが常に"把…Ｖ着"の中に潜んでいる。

ⅲ．成句問題。"把…Ｖ着"の構造は、命令を表す場合以外は、基本的に骨組みだけでは文になりにくい。結局、"把…Ｖ着"の構造の成句問題は、基本的に普通の"把"構造と普通の"Ｖ着"によるものであって、"把…Ｖ着"が単独で成句しにくいのは、本構造が文を終了させるおさまり性が弱いからである。従って、文構造、文と文との関係(文脈)などによって左右される場合が多い。この点においては、普通の"把"構造と同じであるが、それよりいっそう深刻である。

中国語の"V着"に関する研究

ⅳ．動詞の類。"把…Ｖ着"の構造に使われる動詞は、一定の範囲に制限されている。このためか、本構造は日常生活の中であまり多く使われていない。この中に使用される動詞は、一般に取り付け・付着や接触や視覚活動や抽象的な動作を表すものである。また、これらの動詞には、基本的に動きのない、または少ない他動詞であるという特徴がある。さらに"把…Ｖ着"の構造では、単独で成句できるかどうかの問題は、基本的に動詞の種類によるものではない。"把…Ｖ着"という構造の特殊な性格によるところが大きい。動詞の種類に関係するのは、"把…Ｖ着"という構造の中に使われるかどうかである。

Ⅴ．コンテクスト。"把…Ｖ着"の構造は、普通の"把"構造と同じく主に因果関係のある、ひとまとまりの意味を表す一区切りの中で使用される。これは"把…Ｖ着"の構造が使用される基本的なコンテクストである。また「原因＋"把…Ｖ着"(手段)＋目的」というパターンは典型的で、「6.2～5」は、そのバリエーションと考えられる。

注

1)范晓(1998)《汉语的句子类型》p.143 参照。

2)史・胡両氏の動詞リストは次のようである。

Va1 A.走　笑　咳嗽　奔驰　前进　运行　寻思　跳跃

　　　B.看　吃　说　干　打　奏　脱　想　建造　琢磨

Va2　摇晃　摇摆　晃动　舞动　震荡　转动　滚动　眨眼

Vb1 A.坐　站　躺　蹲

　　　B.举　拿　拎　提　搂　抱　夹　顶　踩　压　撑

　　　　挂　握　捧　抬　擎　掐　叼　驮　揪　捏　拉　扛　推　挡　眯

　　　C.红　直　黑　歪　低　斜　倾

Vb2 A.刻　画　印　雕　写

　　　B.挂　包　摆　贴　装　铺　捆　穿　戴　垫　叠　堆　吊　糊　塞　凉

　　　　裹　插　钉　开　关　散　敞　搁

3)ここでは"一问一答"という場合を除いた"陈述句"を対象とする。

4)黄南松(1994)、陈刚(1980)参照。例(14)は陈刚(1980)から、例(15)は孔令达(1994)から
引用したものである。

5)"着1"は、史・胡両氏の"着p"であり、"着2"は史・胡両氏の"着d"である。

6)吕叔湘 (1984)《汉语语法论文集》(增订本)p.182-199、王还(1984)《"把"字句和"被"
字句》 p.25 参照。

7) 陈刚(1980)の"赵树理""老舍""鲁迅"三作家の作品に対する統計によると、"V着"
は文の状況語(状语)、従属句(从句)に用いられるのが、それぞれ 80.98%、71.52%、
55.27%である。

8)吕叔湘(1984)《汉语语法论文集》(增订本)p.182-199 参照。

9)陸倹明・馬真(1985)は、"'把'字补议"という論文(《现代汉语虚词散论》p200-211)
の第一節で"其实, '把'的宾语也可以是后面动词的工具"と述べ、そして"正翁
把手捂在耳朵上, (正红旗下)""他一不小心, 把刀砍在了自己左手的大拇指上,""何
必把火烧到你身上去?(永远是春天)"をあげてある。さらにこの三例について"不能
在理解为'把'作'用'的例子了, 而应看作是现代汉语'把'字句中的一小类,
其特点是'把'字的宾语是后面动词的工具。"という説明を付け加えている。また
この論文(p206)で"着"の例として"他把眼睛瞪着, 把嘴张着。"という例をあげて
いる。両氏の論述、あげた例から見れば、筆者の考え方に非常に近い。また、史・胡
両氏の論文にも"～, 把嘴对着杨亚耳梢问道。"がある。

10)三尾砂(1948)『国語法文章論』p1-28 参照。

11)张旺熹(1991)は、《"把字结构"的语义及其语用分析》という論文で文と文との前後
関係(文と文の意味的な関係)を重要視し、語用論のレベルで"把"構造について分
析している。そして次のような結論を出している。

    (1)标准语句形式：句子(原因)+把字结构(手段)+句子(目的)
       ○文姬：董都府也是出于一时的感激, 他就把他穿戴的衣服冠带也脱下, 留增给
       左贤王。 (《蔡文姬》)
    (2)致使意义语句形式：句子(原因)+把字结构(结果)
       ○ 那两个家伙果然要砸门, 咣！咣！咣的几家伙, 把门砸开。(《红旗谱》)
    (3)引导意义语句形式：把字结构(手段)+句子(目的)
       ○主席报告的时候, 华威先生不断地在那里刮洋火点他的烟, 把表放在面前,

时不时象计算什么似地看看它。(《华威先生》)

(4)独立的语句形式：“把字结构”强调结果和主观性

○"你学习怎么样啦!也该把你的本本给我看看吧!"(《我的两家房东》)

さらに(2)(3)は(1)の中にまとめることが出来ると付け加えている。

参考文献

王 力 (1943) 《中国现代语法(上)》(中华书局出版)p147-159

吕 叔湘 (1984) 《汉语语法论文集》(增订本)(商务印书馆出版)p176-199

丁树声ら(1961) 《现代汉语语法讲话》(商务印书馆)p95-97

刘 月华 (1983) 《实用现代汉语语法》(外语教学与研究出版社)p465-478

王 还 (1984) 《“把”字句和“被”字句》(上海教育出版社)

陆俭明·马真(1985) 《现代汉语虚词散论》(北京大学出版社)p200-211

倪宝元·张宗正(1985) 《实用汉语语法》(福建人民出版社)p147-155

王 还 (1985) "把"字句中的"把"的宾语(《中国语文》1)p48-51

薛 凤生 (1987) 试论“把”字句的语义特征(《语言教学与研究》1)p4-22

张 旺熹 (1991) “把字结构”的语义及其语用分析(《语言教学与研究》3)p88-103

宋 玉柱 (1996) 《汉语语法论文集》(北京语言学院出版社)p21-59

黄 月园 (1996) 把/被结构与动词重复结构的互补分布现象(《中国语文》2)p92-99

萧 国政 (1997) 《现代汉语语法问题研究》(华中师范大学出版社)p85-104

范 晓 (1998) 《汉语的句子类型》(书海出版社)p143-156

史金生·胡晓萍(1998) 动词带"着"的"把"字结构(《语言教学与研究》4)p38-49

徐 燕青 (1999) “使”字句与“把”字句的异同考察(《世界汉语教学》4)p52-58

陈 刚 (1980) 试论“着”的用法及其与英语进行式的比较(《中国语文》1)p21-27

陈 平 (1988) 论现代汉语时间系统的三元结构(《中国语文》总207)p401-422

戴 耀晶 (1991) 现代汉语表示持续体的“着”的语义分析(《语言教学与研究》2)p92-106

龚 千炎 (1991) 谈现代汉语的时制表示和时态表达系统(《中国语文》总223)p251-261

马 庆株 (1992) 『汉语动词下动词性结构』(北京語言文化大学出版社) p1-44

徐 丹 (1992) 汉语里的“在”与“着(著)”(《中国语文》总231)p453-461

郭 锐 (1993) 汉语动词的过程结构(《中国语文》总237)p410-419

郭　銳　(1997)"过程和非过程 ─ 汉语谓词性成分的两种外在时间类型"(《中国语文》3) p162-175

黄　南松 (1994) 试论短语自主成句所应具备的若干语法范畴(《中国语文》6)p441-446

孔　令达 (1994)　影响汉语句子自足的语言形式(《中国语文》6)p434-440

沈　家煊 (1995)　"有界"与"无界"(《中国语文》总248)p367-380

胡裕树ら(1995)　《动词研究》(河南人民出版社)

张　黎　　(1996)　"着"的语义分布及其语法意义(《语文研究》1)p6-12

陆　俭明 (1998) 关于北京话里的"着(zhe)"『国際言語科学研究所所報』京都産業大学

陆　俭明 (1999)　"着(zhe)"字补义(《中国语文》5)p331-336

三尾　砂 (1948)　『国語法文章論』三省堂

荒川清秀(1985)　"着"と動詞の類 (『中国語306』) p30-33

奥田靖雄(1977)　アスペクトの研究をめぐって─金田一的段階─(宮城教育大学『国語国文8』)

奥田靖雄(1993)　動詞の終止形その(1)(2)(3) (『教育国語』2, 9/12/13)

工藤真由美(1995)　『アスペクト・テンス体系とテクスト』(ひつじ書房)p17-220

王　学群 (1998)　アスペクトと動詞の分類(『語学教育研究論遷15』大東文化大学語学教育研究所)p45-64

王　学群 (1998) 中国語の「V着」について『千葉商科大学紀要36-1』p47-65 、改訂版『日中言語対照論集』(1999 創刊号 白帝社), 改訂版『現代中国語研究論集』(1999 現代中国語研究会 中国書店)p207-226

王　学群 (1999)　「V着」のかたちの命令文について (『千葉商科大学紀要37-2』) p51-69

〔付記〕

　本章は、『千葉商科大学紀要』(第38巻第2・第3合併号、2000)に掲載された論文(「"把…V着"の構造について」)をもとに加筆・修正したものです。

第 8 章

限定語としての "V 着(zhe)"

内容提要

本章主要对 "V 着" 作定语时的以下四个问题进行了考察。

1. 组合类型。最常用组合有三种。分别是：

(1) ［場所＋V 着］＋的＋存在物；

(2) ［仕手＋V 着］＋的＋うけ手(事物)；

(3) ［V 着］＋的＋仕手。

2. 语义特征类型。作定语时的 "V 着" 与作句子谓语时的 "V 着" 在使用范围上基本相同，作定语的 "V 着" 并非仅用于静态。

3. 语法功能。作定语的 "V 着" 主要对其所修饰的词语加以特征性的限定。

4. 作定语的 "V 着" 与及物、非及物动词的关联。

キーワード: パターン　意味特徴　　動態　　静態　　働き

目次

1. はじめに

2. くみあわせのパターン

140

限定語としての "Ｖ着"

2.1 ［場所＋Ｖ着］＋的＋存在物

2.2 ［仕手＋Ｖ着］＋的＋うけ手(事物)

2.3 ［Ｖ着］＋的＋仕手(事物)

2.4 ［仕手＋Ｖ着］＋的＋場所

2.5 ［仕手＋Ｖ着］＋的＋時間名詞

2.6 ［(仕手＋)Ｖ着］＋的＋普通名詞

2.7 受身形態の場合

2.8 使役文の場合

3. "Ｖ着" の意味特徴

3.1 動態

3.2 静態

4. "Ｖ着" の働き

4.1 特徴づけ

4.2 特性づけ

4.3 限定づけ

5. 他動詞と自動詞との関連

6. おわりに

1. はじめに

周知のように、"Ｖ着(zhe)" は、文の述語にも、手段・方式など修飾状況を表すためにも、限定語としても使われる。本章では限定語としての場合を考察の対象とする。そして、次の２例の "着" のうち、例(2)の "Ｖ着" を分析の対象とする。

(1) 他叫醒了早已睡着的小王，一起…。

(2) 他叫醒了正睡着的小王，一起…。

141

中国語の“Ｖ着”に関する研究

　例(1)の“着”は“zhao”と発音される場合であり、例(2)の“着”は“zhe”と発音される場合である。本章は例(2)の場合に絞ることにする。具体的には限定語としての“Ｖ着”が仕手・うけ手・場所などを表す部分とくみあわさる時のパターン及びその意味特徴、働きなどを中心に考察を進めたいと考えている。

2. くみあわせのパターン

　かざりとかざられ¹⁾という構造においては、“Ｖ着”とその前後にある部分とのくみあわせから見れば、幾つかのパターンのあることが考えられる。たとえば、“…<u>小李</u><u>微闭着</u><u>的双眼</u>，…”という例文において、波線部、二重下線部、一重下線部はそれぞれ、動作の仕手、仕手による動作、仕手からの働きかけのうけ手(事物)である。本節ではこのようなくみあわせのパターンについて考察する。

2.1 ［場所＋Ｖ着］＋的＋存在物

　この場合、［場所＋Ｖ着］は、限定語として“的”を媒介にして後置された存在物を表す成分にかかる。典型的な例文は次の通りである。

　(3)　如在这时，他的目光落到<u>墙角</u><u>挂着</u>的<u>一件衣服</u>上。(红岩)

　(4)　"喂！喂！<u>你旁边</u><u>躺着</u>的<u>男人</u>是谁呀？"(透支时代)

　(5)　晓雪看着<u>窗外</u><u>飘着</u>的<u>零星雪粒儿</u>，心情忧郁。(牵手)

　例(3)の“Ｖ着”の前にある“墙角”は存在場所で、その後ろにある“衣服”は存在物である。この三つの部分を普通の存在文に言い換えれば、“墙角挂着一件衣服”になるので、「［場所＋Ｖ着］＋的＋存在物」という構造と見なすことができる。例(4)の“你旁边”は存在場所で、“男人”は存在物であり、“的”を除いて“你身边躺着男人”と言うことができる

142

限定語としての"V着"

ので、例(3)と同じように解釈できる。また、例(5)は動態を呈する場合であるが、やはり「あるところにあるものが存在する」という構造と見なしてよいだろう。

このパターンに使われる主な動詞は"挂、放、贴、藏、珍藏、包、堆、停、陈列、挟、钉、写、画、印、吊、悬、崛立、峭立、摆、盖、坐、站、躺、趴、跪、蹲、卧、飘动、飘、摆动、回荡、洋溢、响、行走、走、移动、…"である。

2.2 ［仕手＋V着］＋的＋うけ手(事物)

この構造においては、動作の仕手(一重下線部)と仕手による動作(二重下線部)が連語的な限定語として"的"を媒介にして働きかけのうけ手(波線部)にかかっている[2]。

(6) 原来的特别顾问已经劈手夺过了沈养斋捏着的电话筒。（红岩）

(7) 王魁给他夹肉斟酒。待把他自己口中正嚼着的一团肉片咽下去，便兴趣十足地问道："你们那个贺书记怎么样？(冯冀才文选)

例(6)の"沈养斋捏着的电话筒"を「ＳＶＯ」構造に言い直せば"沈养斋捏着电话筒"になるので、「ＳＶＯ」という構造からのものだということができる。例(7)も同様な解釈でよいだろう。よく使われるのはごく普通の他動詞(嚼、玩弄、念、看、端、捧、爱、想)と再帰動詞(举、闭、眯、颤抖、缩、皱)である。

2.3 ［V着］＋的＋仕手(事物)

この場合、仕手による動作が限定語として"的"を媒介にして後置された動作の仕手(事物)にかかっている。

143

中国語の“Ｖ着”に関する研究

(8) 写字台的右上方，摆着一个相框，那个微笑着的年轻女大尉，用
一对杏眼中绵绵泄出的无限幸福，注解着这个家庭曾经让人艳羡
的历史。（突出重围）

(9) 这时屋里有呼机响，丁丁反应过来，从钟锐放在床上的外套里掏
出了响着的呼机，内行地按了一下。（牵手）

例(8)の“那个微笑着的年轻女大尉”のところを仕手、仕手による動作
の「ＳＶ」構造の文に言い直すと、“那个年轻女大尉微笑着”になるので、
「[Ｖ着]＋的＋仕手」の構造と言えよう。また、例(9)も同様な説明が可能
である。

ただし、この用法では、動作性が強くなると“Ｖ着”の前に付加成分
が用いられる場合が少なくない。たとえば、

(10) 这个匆忙走着的青年，便是余新江。（红岩）

(11) 再说，他们还带着一群汪汪叫着的狼狗。（白桦文选）

この三つのパターン(2.1～2.3 節)は基本的なもので、大部分の例文(約
730 例)はこの三つのパターンのどれかに入る。また例文は少ないが、次
のようなパターンもある(全部で約 70 例)。

2.4 ［仕手＋Ｖ着］＋的＋場所

この場合、仕手と“Ｖ着”が連語的な限定語として“的”を媒介にし
て後置された場所を表す部分にかかっている。これは 2.1 節の「［場所＋
Ｖ着］＋的＋存在物」というパターンと姉妹関係にあるものと考えられる。

(12) 她站着的地方离厢房和北屋又远，她这番话，…。（金光大道）

(13) …，但船尾白慧坐着的地方却是空空的了。（冯冀才文选）

144

限定語としての"V着"

例(12)では仕手の"她"と"站着"が連語的な限定語となって存在場所にかかっている。"她站着的地方"を"她站着地方"のように言い直せば、非文になるが、"他在那个地方站着。"に言い直すことができる。また、例(13)は例(12)と同様、"白慧在那个地方坐着。"に言い直すことができる。

2.5 ［仕手＋Ｖ着］＋的＋時間名詞

この場合、仕手と"Ｖ着"が限定語として"的"を媒介にして後置された時間名詞にかかっている。よく使われる時間名詞は"时候、辰光、那会儿"などである。

(14) "我父亲死去之后，因为夺我屋子，要我在笔据上画花押，我大哭着的时候，他们也是这样热心地围着使劲来劝我…。"（彷徨）

(15) 他吃着的时候，她挨在他身边向他叙谈起她新认识的朋友、她思想上的变化…。（青春之歌）

例(14)(15)は"的"の前の部分と後ろの部分とが、たんなるかざりとかざられの関係を表すだけであって2.1節から2.4節までのような関係が存在しない。つまり、この二例ではただ主文の動作が行われる時間的なありかの限定を「［仕手＋Ｖ着］＋的＋時間名詞」によって表しているだけである。

2.6 ［(仕手＋)Ｖ着］＋的＋普通名詞

本節の仕手と"Ｖ着"は2.5節と同じように後置された名詞の部分にかかっていて、限定語としての役割を果たしているだけなので、2.1節から2.4節までのような三者関係ではない。

145

中国語の"Ｖ着"に関する研究

(16) 这两个孩子便是她姜静宜生活的全部。是她过去一切苦处的代价，是她今天<u>活着辛苦着挣扎着</u>的惟一的<u>推动力</u>，也是她明天的全部希望。(活动变人性)

(17) 这个怪东西是他的习惯嗜好，也是<u>他活着</u>的<u>目的</u>。(家)

2.7 受身形態の場合

この場合、「[仕手＋Ｖ着]＋的＋うけ手(事物)」というパターンに入れてもよい場合が少なくない。例(18)は動作主がはっきりしない場合であるが、"白布"は道具・材料になる。それに対して、例(19)の一重下線部は動作主であるが、"麻子爷爷牵着独角牛"にすることができるので「[仕手＋Ｖ着]＋的＋うけ手(事物)」というパターンに入れてもよいだろう。

(18) 两点五十分，方英达乘直升飞机到达。他看了看颇为壮观的会场，走到<u>被白布蒙着</u>的<u>石碑</u>前，一只脚踏上去，…(突出重围)

(19) <u>被麻子爷爷牵着</u>的<u>独角牛</u>真的越跑越快了。(中国五十年儿童文学名家作品选)

2.8 使役文の場合

この場合、使役文の内部構造に"Ｖ着"が限定語として使われているが、兼語文という観点から基本的に 2.3 節の「[Ｖ着]＋的＋仕手」のパターンと同様であると考えてよい。

(20) 他的发言使警惕地<u>注视着倾听着</u>的<u>红卫兵</u>、"金棍子"与前"阿Q"们目瞪口呆。(活动变人性)

(21) 他顾不得听了，因为街上的灯光使<u>奔跑着</u>的<u>他</u>觉得晕眩。只要一到开灯时分他就想家，(活动变人性)

146

限定語としての"Ｖ着"

以上の2.1節から2.4節までは内部の一部分の後置によるものと見ることができ、また2.7節と2.8節も同じように見ることができる。このように見ると、本構造は大きく二種類に分けることができる。

[表1]"Ｖ着"のパターン

Ｖ着のパターン
- A類(内部部分後置型)
  - 2.1 説の場合
  - 2.2 節の場合
  - 2.3 節の場合
  - 2.4 節の場合
  - 2.7 節の場合
  - 2.8 節の場合
- B類(非内部部分後置型)
  - 2.5 節の場合
  - 2.6 節の場合

3."Ｖ着"の意味特徴

この節では、文の述語に使われる"Ｖ着"と限定語として使われている"Ｖ着"の意味特徴に注目して、両者に相異点があるかどうかを考察する。考察にあたって、限定語としての"Ｖ着"とその前後にある部分との関係を考慮に入れ、アスペクトの観点から、まず限定語としての"Ｖ着"の意味特徴を「動態」と「静態」[3]に分ける。たとえば、次例(22)では"江月蓉"がゆっくり歩いていることを表しているので「動態」という意味特徴がある。それに対して、例(23)では「どこになにが存在する」という状態存在文からのものだと考えられるので「静態」を呈しているという意味特徴がある。

(22) 小男孩紧跑几步，追上慢慢走着的江月蓉，怯生生地仰脸喊一
声：阿姨…(突出重围)

(23) 他，就是掌握整座毒网的一切行动大权的核心人物，黄呢军便服
领口上，嵌着的一颗金色梅花，在灯光照耀下闪闪发亮。(红岩)

147

中国語の"V着"に関する研究

3.1 動態

動態を更に下位分類することができる。まず動作の継続[4]を表す用例を見てみよう。

(24) 王纯出来，看都不看<u>哭闹着的许玲芳</u>，也不理老乔，…。(牵手)

(25) 他象吃米饭吃到砂子那样，<u>活动着的嘴巴</u>忽然停住了；(冯冀才文选)

この二例での"哭闹""活动"という動作が継続中であることはいうまでもない。このような動作によって、かざられとしての"许玲芳"(例24)"他"(例25)の文中での表情や姿勢などの特徴をとらえている。かりにこのような場合を「A類動態」と呼ぶことにする。これに対して、動きの少ない動作もある。

(26) 他不紧不慢地走到周京平的床前，俯身看看他死鱼一样<u>瞪着的眼睛</u>，渴鱼一样大张的嘴巴，…（一路狂奔）

(27) <u>旁边听着的年轻人</u>，知道两个人把问题想拧了，忍不住地又爆发起开怀的大笑。(家)

例(26)の"瞪着"、例(27)の"听着"は動きの少ない動作であって、例(24)(25)と区別して考える必要がある。かりにこれを「B類動態」とする。

さらに、次の二例は例(24)(25)(26)(27)と比べればかなりレベルの異なるものである。かりにこれを「C類動態」と呼ぶことにする。

(28) 清晨，晓雪睁开眼来，第一眼看到的是<u>墙壁上一个移动着的黑点</u>，再看，(牵手)

(29) 正在他进退两难的当口，听到欢呼声越来越近越来越高，在<u>空中飞舞着的帽子</u>在窗口也清清楚楚看到了，得赶快拿主意，…。(上

148

限定語としての"V着"

海的早晨）

　例(28)(29)における"移动""飞舞"という現象的な動作が継続中であることは恐らくだれも疑問を持たないだろう。しかし、そうは言っても、Ｃ類動態の文は基本的には存現文の基本構造からのもので、Ａ類動態・Ｂ類動態とレベルが異なるものと考えなければならない[5]。

　Ａ・Ｂ類動態の場合は、主に「［仕手＋Ｖ着］＋的＋うけ手」と「［Ｖ着］＋的＋仕手」という構文形態に用いられ、Ｃ類動態の場合は、主に「［場所＋Ｖ着］＋的＋存在物」に用いられる。

3.2 静態

　例文の数から見れば、動態より静態のほうが多い。主に以下の四つの場合である。

(30) 一个特务冲过来，死力夺下成岗挟着的《挺进报》。(红岩)

(31) …站了起来，指着隐藏在左后方角落上坐着的夏世富说：(上海的早晨)

　例(30)では仕手の変化(脇に抱えていない状態から抱えている状態への変化)を表すと同時に「抱える」という動作も表している。この結果、"《挺进报》"が脇に抱えられたままの状態になっている。そして、この状態を保たせるための、"成岗"という仕手からの外力も考えられる。ただし、"挟着"によって表されているのは、静止している状態であって、「静態」の一種として認めるべきであろう。ここでかりにこれを「静態」の「Ａ類静態」とする。例(31)も同様である。

　次例(32)(33)の"Ｖ着"は、例(30)(31)と違って、"她/他"の服装変化後の結果状態を表している。外力による状態維持が考えられない。かりにこれを「Ｂ類静態」と呼ぶことにする。

149

(32) 他继母就从她穿着的织锦缎旗袍的腋下，…。(蔷薇温柔陷井)

(33) 我立即把老花眼镜带上，看了看他胸前戴着的卡片，才知道
他…。(白桦文选)

　次の例では"場所＋V着"が限定語として存在物"衣服""蜂窝煤"に
かかっている。2.1節で述べたような場合である。

(34) 可是乍一看，竟象布店的柜橱里挂着的一块大花被面。(冯冀才
文选)

(35) 钟锐拎着两大兜吃的东西回家，差点踢上院门口堆着的蜂窝煤。
(牵手)

　例(34)では"挂"という動作の結果として"被面"がそこに存在して
いるので、静止状態ということができる。また、例(35)では動作＝"堆"
の結果として、"蜂窝煤"が"院门口"に存在している。例(32)(33)と例
(34)(35)の"V着"はどれも結果の継続を表しているので、かりに例
(34)(35)の場合も「B類静態」と呼ぶことにする。
　また、心的状態を表す例も少なくない。この場合、心理活動動詞が主
に用いられる。たとえば、例(36)(37)ではそれぞれ"怀念着""惦念着、
忧虑着"によって仕手の心的な状態を表している。かりにこれを「C類静
態」と呼ぶことにする。

(36) 他…，但还是见不到怀念着的女儿和女婿。(上海的早晨)

(37) 为这两件时刻惦记着，忧虑着的事，她切盼我们能打胜。(四世
同堂)

　さらに属性を帯びる状態を"V着"によって表すこともできる。たと
えば、"明摆着的事"の"明摆着"が属性を表していると考えられる。こ

限定語としての"V着"

の場合、形容詞に近付いていると言ってもよいだろう。

(38) "咱这还不是撂着的小菜！"(敌后武工队)

(39) 心想："昨儿要是也跟着罗斯一起把股票卖了，今天也就有钱追一把高科技股了，当天买，当天赚，那多爽呀。现在只有<u>看着的份儿</u>了。"(北京晚报 1999)

例(38)の"撂着"は本来「置いてある」という意味であるが、ここでは"撂着的小菜"が全体で一つの意味を表し、比喩的に使われている。例(39)も本来の生理的な視覚の場合の"看"ではない。かりにこれを「D類静態」と呼ぶことにする。

2.1 節と 2.2 節で述べたことをまとめると次のようになる。

[表 2]"V着"の表す動態と静態

以上の第二節の考察を通して、限定語としての"V着"は、用法の広がりから見れば、文の述語に使われる"V着"と比べても、それほど差のないことがわかる。

151

ところで、木村(1981)の「2.2. "着ⱼ"のシンタクスにおける補語性」という節において"着"を"着ₚ"と"着ⱼ"に分ける論拠として構文的な特徴の違いを四点あげているが、その一つに"着ₚ"は一般に連体修飾節内では生起しにくいが、"着ⱼ"は連体修飾節内に生起することができるとある。例として"他向桌子上摆着ⱼ的碟碗看了一眼。"、"*他看着ₚ的书是水浒。"をあげている。しかし、筆者の以上の調査からわかるように、前者は静態のB類に属し、後者は動態のB類に入る。どちらもよく使われるが、両者を比較すると、"他向桌子上摆着ⱼ的碟碗看了一眼。"の場合のほうが用例から見ればやや優勢のようである。筆者の手元の用例から見れば、動態と静態は約一対三の割合である。たとえば、例(40)では"看"という動詞が用いられているが、文構造や文脈の助けもあろうが、非常に自然な文である。恐らく"着"の問題はいくつかの角度からさらに総合的にみるべきであろう。

(40) 刘太生平端着驳壳枪，退了两步，对直愣两眼呆<u>看着</u>的何殿福
　　　说："大哥，你快朝北走，周围都是化装出来的敌人清剿队。"
　　　（敌后武工队）

4. "V着"の働き

《实用现代汉语语法》刘月华ら(1983)によると、限定語の働きによって限定語を基本的に二分類できる。一つは"限制性的"であり、一つは"描写性的"である。前者は数量や時間や場所や所属や範囲などの面から中心語(被修飾語)を説明するのに対して、後者は性質や状態や特徴や用途や品質や職業などの面から中心語を説明する。この節では限定語としての"V着"の働きについて考察するが、主に前者("限制性的")になるのか、後者("描写性的")になるのか、また両者に跨っているのかなどを明らかにすることを目的とする。

　[名詞＋的＋名詞]というかざりとかざられにおいては、当然前の名詞

限定語としての"V着"

成分が"的"を媒介して後置された名詞にかかるが、意味的な関係は多様である。それに比べると、限定語としての"V着"と後置された部分との意味的な関係はかなり単純になる。

4.1 特徴づけ

例文から見れば、"V着"という限定語によって"的"を媒介にして後置されたかざられの部分を特徴付けるところに重点をおく場合が多い[6]。

(41) 周氏被鸣凤这一哭引起了自己的心事。她看见那个跪在她面前把头俯在她的膝上哀哀哭着的少女，也觉得凄然。(家)

(42) 江月蓉仰着被初冬的冷气冻得粉红的脸，眯着的眼睛上沾着雾气的长长的睫毛一眨一眨，语气悠悠地道："…"(突出重围)

(43) 唐龙情不自禁地把邱洁如揽在怀里，吻了吻两片翕动着的红唇，颤着声说道："你永远是我的惟一。"(突出重围)

例(41)では、"在她的膝上哀哀哭着的"という複合的な限定語によって"少女"の姿勢・表情を特徴付けている。その中で"V着"も特徴づけの一員になっている。例(42)(43)ではそれぞれ、江月蓉の目、唐龙の恋人邱洁如の唇を"眯着"と"翕动"によって特徴付けている。

この三例からもわかるように、この用法においては一般的に人間の姿勢や表情などを特徴付けるのに使われている。

4.2 特性づけ

次の三例では特徴づけ[7]というよりは、特性づけに重点を置いているといったほうがよいと思われる。

(44) 在这离别的瞬息，成岗来不及表露自己的许多联想，也无法把心中激动着的感情告诉孩子。(红岩)

153

中国語の"V着"に関する研究

(45) 他们也要打碎民族国家的铐镣，成个能挺着胸在<u>世界上站着</u>的<u>公民</u>。(四世同堂)

(46) 这是无数<u>群众日夜期待着</u>的<u>胜利信号</u>，更是鼓舞人心的战斗口号。(红岩)

　例(44)では"激动着"によって"感情"の質的な段階を、例(45)では"站着"によって"公民"の質的なレベルを、例(46)では"期待着"によって"胜利信号"への期待感を、それぞれ表している。この場合は、ほとんどが心理活動動詞を使ったり動作動詞が比喩的に用いられたりしている。

4.3 限定づけ

　次例は範囲限定と思われるものである。この例では朝ご飯を運んでいくところはほかのところではなく"刘思扬"が立っている"铁窗口"であるという排他的な述べ方をしている。つまり"V着"の部分によって"铁窗口"に対して排他的な限定的働きをしている。ただ限定づけ[8]と断定できる例文はあまり多くない。

(47) 挑饭的人似乎不是每天送饭的那个态度善良的厨工，换了个满头白发的老人。过了一阵，早饭送到<u>刘思扬站着</u>的<u>铁窗口</u>。(红岩)

　以上の考察から見れば、心理活動動詞の場合には主に特性づけに用いられ、それ以外の場合には主に特徴づけに用いられていることがわかる。特徴づけであろうと、特性づけであろうと、どちらも"描写性的"である。限定づけの用例は少ないが"限制性的"に属するものである。このような結果は基本的に"V着"が持っているアスペクトの意味とテキストにおける機能とは合致するものと考えられる。

154

限定語としての“V着”

5. 他動詞と自動詞との関連

　“V着”の“V”が他動詞である場合には、限定語としての“V着”を通じて、その後ろにあるかざられに他動性が及ぶ場合がある。

(48a)　挟着《挺进报》**的**成岗(仕手)

(48b)　挟着**的**成岗(客体)

(48c)　陈岗挟着**的**成岗(客体)

(49a)　坐着**的**夏世富(仕手)

(49b)　夏世富坐着**的**地方(仕手)

　例(48a)における“挟着”の他動性が及ぶ勢力範囲は《挺进报》までであるが、例(48d)の“挟着”の他動性が及ぶ勢力範囲は“成岗”までである。これについては例(48c)で証明できる。例(48c)の“陈岗”は仕手で、“成岗”は仕手“陈岗”の働きかけのうけ手(事物)になっている。要するに、例(48a)のように「VO」の「O」がなければ他動性がかざられに及び、かざられが仕手からうけ手に変るということである。それに対して、例(49a)(49b)の内容からもわかるように、自動詞の場合にはこういう現象がない。

6. おわりに

　以上の考察で次のことを明らかにした。

　ⅰ．限定語としての“V着”は、主に「[場所＋V着]＋的＋存在物」、「[仕手＋V着]＋的＋うけ手(事物)」、「[V着]＋的＋仕手」という三つのパターンに使われる。そして使われるパターンは二分類できる。

　ⅱ．限定語としての“V着”の意味特徴は、文の述語に使われる場合と同じように動態、静態に分けることができる。静態より動態のほうがやや劣勢であるが、どちらもよく使われていることはいうまでもない。

　ⅲ．限定語としての“V着”の働きを特徴づけ、特性づけ、限定づけ

に分けることができるが、基本的に特徴づけと特性づけという用法がよく使われている。特徴づけになるか、または特性付けになるかは、動詞の類に左右される場合が多い。

　iv．他動詞の他動性による勢力範囲は後置されたかざられに及ぶ場合がある。この場合は「[Ｖ着]＋的＋うけ手」という構造になる。

　なお、"Ｖ的"と"Ｖ着的"の違いについて紙面の都合で稿を改めて考察したいと思う。

注

1)本章では修飾と被修飾という関係を述べる場合には「かざり」と「かざられ」という用語を用い、連体修飾語という観点から述べる場合には「限定語」という用語を用いる。

2)連語という用語については、言語学研究会編(1983)『日本語文法・連語論(資料編)』の定義に従う。

3)本章ではかりに動態は動いている状態であり、静態は静止している状態であると定義する。

4)王学群(1999)「中国語の"Ｖ着"について」では動作動詞と変化動詞を中心に"Ｖ着"のアスペクトの意味について考察したが、その意味を継続と結論付け、さらにそれを「動作の継続」と「結果の継続」に下位分類している。

5)聶文龙(1989)〈存在和存在句的分类〉では"屋子里飞着一只蜜蜂。"を"动态句"と呼び、"沙发上坐着一个客人。"を"静态句"と呼んでいる。

6)特徴づけとは、あるもののとりわけ目立つ点を描写することを指す。

7)特性づけとは、あるものに特別に備わっている性質を描写することを指す。

8)限定づけとは、ものの範囲を規定し、それ以外を排除することを指す。

参考文献

陈　刚　　　(1980) 试论"着"的用法及其与英语进行式的比较(《中国语文》1)

陈　平　　　(1988) 论现代汉语时间系统的三元结构(《中国语文》总207)

聶文龙　　(1989) 存在和存在句的分类(《中国语文》总209)

龚千炎　　(1991) 谈现代汉语时制和时态表达方式(《中国语文》总223)

马庆株　　(1992) 《汉语动词和动词性结构》(北京语言学院出版社)

费春元　　(1992) 说"着"(《语文研究》总43)

郭　锐　　(1993) 汉语动词的过程结构(《中国语文》总237)

胡裕树ら　(1995) 《动词研究》(河南人民出版社)

沈家煊　　(1995) "有界"与"无界"(《中国语文》总248)

张　黎　　(1996) "着"的语法分布及其语法意义(《语文研究》总58)

戴耀晶　　(1998) 论现代汉语的体范围(『開篇』好文出版)

陸俭明　　(1999) "着(zhe)"字补议(《中国语文》总272)

刘一之　　(2001) 《北京话中的"着(·zhe)"字新探》北京大学出版社

平山久雄　(1959) 北京語の「着」とその接尾する動詞について（『中国語学88』）

木村英樹　(1981) 「付着」の"着／zhe"と「消失」の"了／le"（『中国語258』）

木村英樹　(1983) 关于补语性词尾"着"和"了"(《语文研究》)

荒川清秀　(1985) "着"と動詞の類（『中国語306』）

村松恵子　(1988) "着"の文法的な意味（『中国語学235』）

劉月華ら　(1983) 《实用现代汉语语法》(外语教学与研究出版社)

朱　継征　(2000) 『中国語の動相』(白帝社)

楊　凱栄　(1997) 「V的N」における已然と非已然(『中国語学論文集』東方書店)

奥田靖雄　(1977) アスペクトの研究をめぐって－金田一的段階－(宮城教育大学
　　　　　『国語国文』8)

奥田靖雄　(1993) 動詞の終止形その(1)(2)(3)（『教育国語』2，9/12/13)

鈴木重幸　(1996) 『形態論・序説』（むぎ書房）

高橋太郎　(1985) 『現代日本語動詞のアスペクトとテンス』(秀英出版)

高橋太郎　(1994) 『動詞の研究』（むぎ書房）

工藤真由美(1995) 『アスペクト・テンス体系とテクスト』(ひつじ書房)

王　学群　(1998) アスペクトと動詞の分類(『語学教育研究論還15号』大東文化
　　　大学語学教育研究所)

中国語の"V着"に関する研究

王 学群　(1999) 中国語の"V着"について(『現代中国語研究論集』中国書店)

王 学群　(1999) "V着"のかたちの命令文について(『千葉商科大学紀要　第37巻第2号)』

王 学群　(2000) 中国語の"V着"についての一考察—思考・心理活動動詞を中心に— (『中国語論集』白帝社)

王 学群　(2000) 中国語の"有着"について(『漢語教学研究』総3)

王 学群　(2000) "把……着"の構造について(『千葉商科大学紀要38-2』)

王 学群　(2001) 地の文における"V着(zhe)"のふるまいについて (『日中言語対照研究論集3』日中対照言語学会編、白帝社)

王 学群　(2002) 会話文における"在(…)V"と"V着"のふるまいについて(『日中言語対照研究論集4』日中対照言語学会編、白帝社)

王 学群　(2002) "V着(zhe)"再考 (『日本語と中国語のアスペクト』日中対照言語学会編、白帝社)

［付記］

　本章は、『日中言語対照研究論集4』(日中対照言語学会編、白帝社、2003)に掲載された論文(「限定語としての"V着(zhe)"」)をもとに加筆・修正したものです。

第9章
"V着(zhe)"のかたちの命令文

内容提要

　　本章从若干个层面描写了"V着"式祈使句的各种特征和用法。在句法层面，该祈使句与其他祈使句一样，一般当具有"对比"、"敬意"义等时才使用主语(动作发出者)。在人称方面，也与其他祈使句一样，仅限于第二人称句或"第一人称+第二人称"句。从动词词类别来看，一般只有以"V着"形态呈现"持续"特征的自主动词方可进入该祈使句。从会话场面特征来看，可以把该祈使句分为四类，其基本义是说话人命令(要求)听话人保持某种状态(或动作)。另外，该祈使句里，时常含有说话人命令(要求)以外的某种语气，有时这种命令句将失去其基本义，全面呈现说话人的某种语气或发生语义变化。

キーワード：主語の有無　人称　動詞の類　基本的な意味　含み

目次

1. はじめに
   1.1 命令文とは
   1.2 考察の目的
   1.3 先行研究

2. 構文的な特徴

　　2.1 呼びかけで主語が示される場合

　　2.2 対比関係で主語が使用される場合

　　2.3 強調のため主語が使用される場合

　　2.4 待遇表現で主語が使用される場合

　　2.5 主語が複数である場合

　　2.6 主語が使用されない場合

　　2.7 人称上の制限

3. 動詞の類との関係

　　3.1 ＜＋自主＞＜＋状態＞＜＋付着＞

　　3.2 "歇"類の動詞

4. 場面構造的な特徴による分類

5. 基本的な意味と含み(意味合い)

　　5.1 基本的な意味

　　5.2 含み(意味合い)

　　5.3 基本的な意味からの解放

6. 否定形式

7. おわりに

1. はじめに

1.1 命令文とは

　文の分類は、諸家によって異なるが、一般的によく使用されているのは、文の性質上の違いによる分類である [1]。つまり、平叙文・疑問文・命令文・感嘆文のように、文を機能的に分類する場合である。命令文は、主に命令や禁止や勧誘などを表す場合であり、中国語学では、"祈使句"と呼ばれている。また、日本語学では「はたらきかけ文」と呼ばれ、その下位分類の一つとして命令文という用語を使用する場合もある [2]。本章では前者の意味範囲で使用する。

160

1.2 考察の目的

"V着"にはいくつかの意味用法があるが、本章では"坐着，别动!"のような命令を表す場合を考察の対象とする。具体的にはその構文的な特徴、動詞の類との関係、基本的な意味と含み(意味合い)などである[3]。

なお、考察に使われる用例は、基本的に小説の会話文から採集したものであるが、筆者の語感で作った用例も若干ある。個々の用例の後ろにその出典を記してある。

1.3 先行研究

"V着"の命令用法については、次のような先行研究がある。

1.3.1 《现代汉语八百词》(吕叔湘 1980，p395)

《现代汉语八百词》では、"动／形＋着＋点儿。用于命令提醒等"と述べている。

◇ 过马路看着点儿!

◇ 快着点儿!

1.3.2 《实用现代汉语语法》(刘月华 1983，p231)

《实用现代汉语语法》では、"可用于祈使句，表示要求保持某种状态"と述べ、次のような例をあげている。

◇ 你先歇着，我出去看看。

◇ 你叫他们在门房里等着去吧。

1.3.3 《现代汉语祈使句研究》(袁毓林 1993，p47-68)

《现代汉语祈使句研究》では、"V＋着！"の"句式义及其预设"と"V的句法、语义特点"及び"着的性质"に焦点を当てて、"V＋着！"につい

161

て考察している。

　"'V＋着！'的句式义分析"という節で動詞をA(坐)B(等)C(戴)D(拿)E(放)F(听)のように分類し、"V＋着！"の"句式义"を(話し手と聞き手を含む)会話の場面状況と関連付けて分析している。また、"V的句法、语义特征"という節で"V＋着！"という構造の中で使用できるのは、①＜＋自主＞＜＋状態＞＜＋付着＞という三つの意味特徴をもつ動詞であること、②構文的な特徴として三種類の構文形式の中で使用が可能であることと結論付けている。

　吕(1980)では"V着"のかたちの命令文があることだけ、刘(1983)ではその定義も述べている。袁(1993)では細部まで詳しく考察している。勿論問題点もある（詳しいことは後述する）が、袁論文では"说话人要求听话人处于某种状态"を三つに下位分類したのが建設的だと思う。

〔1〕要求听话人进入某种状态，其预设是：听话人本来没有处于某种状态;
〔2〕要求听话人保持某种状态，其预设是：听话人正在改变原来所处的某种状态;
〔3〕要求听话人回到原来所处的某种状态，其预设是：听话人已经改变了原来所处的某种状态。

　袁(1993)の定義から、"V着"で命令を表す場合、場面に対する依存度が高いことが分かる。従って、本章も、常に会話の場面構造の中で話し手と聞き手の関係に留意しながら考察を進めていく。

2. 構文的な特徴

　命令文の場合には、主語（動作主）が省略される（または最初から現れない）文が多い。例えば、"站着，别坐下!"のように主語が現れていなくても会話の場面の助けがあれば十分通じる。勿論、通じるから主語がいらないというわけではない。主語があるかないか、それ以外の理由もあると思われる。

162

この節では主に主語（動作主）の有無と人称の制限について考察する。

2.1 呼びかけで主語が示される場合

中国語にも日本語にも、呼びかけという形で主語が明示される場合がある。この場合、主語を使用しない傾向にある。"V着"のかたちの命令文にもこのような使い方がある。

(1) 张都监点点头，仍不放心："李龙，去大门口侯着，人头一到，速速领他们到这里，我给他们庆功。"(武松)

(2) "小虎子，在家等着我，别出去。"

(3) "大海，早点儿歇着吧。"

2.2 対比関係で主語が使用される場合

ここで言う対比関係は一人称の「わたし」("我")と二人称の「あなた」("你")が対比的な会話場面の中に現れる場合と会話の場面状況から考えられる場合とを指す。このような場合は、動作主としての主語が命令文に使われるのが一般的である。"V着"のかたちの命令文にはこのような用法もある。

(4) 姑:你就收下吧，这也是他一点心意。
　　绍:你……你自己留着吧，我现在用不着。(哀乐中年)

(5) "天已不早，我去收拾晚饭。太太小姐们先歇着，吃过饭就睡，有什么事全等明天。"(红杏出墙记)

(6) "哎—!你快歇着吧，我送客人去。"(皇城根)

しかし、対比的な関係のある主語が命令文に常に使用されるとは限らない。たとえば"又为她倒了一杯茶，说：'等着，我去了啊。'(皇城根)"のような例には、動作主としての主語がなくても対比的な会話場面に使われて

163

中国語の"V着"に関する研究

いることが明らかである。

2.3 強調のため主語が使用される場合
　この場合、特に対比等のような場面構造ではないが、話し手は何らかの態度を強く表そうとしている。

(7) 马福一甩袖子，蛮横耍赖："没门儿!"
　　 刘艳华强压怒火："你等着!"(新岸)

(8) 两个武装的人把阿牛、阿鸡连打带踢地按坐在一张条凳上。阿牛瞪着愤怒的眼珠，对陈七骂道："你看着，契弟，山水有相逢呀!"(珠江泪)

(9) "好你个罗呆子，你这杂铺的小杂种，你有种站着，别走!"(华罗庚)

2.4 待遇表現で主語が使用される場合
　中国語の"V着"のかたちの命令文で待遇表現の意を表す場合にはいくつかの方法がある。その中で、動作主への敬意を表すために"您"がよく使用されている。

(10) 卢孟实:谢谢您，鸭子我不带了，您记着我的座。(绝对信号)

(11) 爷儿俩进了屋，周仁扶金一趟到沙发前，说:"老师快坐着!这么多年不见，我看老师气色挺好，身板儿硬朗。"(皇城根)

(12) "爸，您没气了?"女儿也笑了，"那您就歇着吧。我姐他们还没睡呢，我得过去看看那孩子。(皇城根)

ただし、例(12)は対比的な例でもあるが、相手への敬意も示している。

2.5 主語が複数である場合
　主語(動作主)が複数になると、2.1 節の場合でなければ、命令文に使用される傾向がある。それは恐らく誰に発する命令なのか分からなく

164

なる恐れがあるからであろう。

(13) "这一斗粮, <u>你们先吃着吧</u>。我家还有几斗粮。"(高玉宝)

(14) "快走吧, <u>你们听着</u>!往后你们都得小心, ～"(高玉宝)

　また、次の例のように一、二、三人称が同じ会話の場面に現れる場合には、主語が使われやすいようである。

(15) 张团练奉迎地说: "<u>蒋小弟学着点</u>, 生姜还是老的辣呀。事成之后要多谢都监大人的恩点呀!"三人哈哈大笑。(武松)

2.6 主語が使用されない場合

　また、2.2節から2.5節以外の"V着"のかたちの命令文には、主語を使用しない場合が多い。この場合は、眼前の会話場面の中の（すでに発生した）状況から話し手が判断して、聞き手に対して一方的に命令するのが特徴的である。つまり、個々の会話の場面における双方にとって誰が誰に向かって発した命令なのか、はっきりしているため、一般的に主語としての動作主があってもなくても、その命令文にとって影響がないということである。

(16) 小二: "军爷洗脚。"

　　　 木兰: "<u>放着罢</u>。"(木兰从军)

(17) 老祖父忙招呼道: "哎呀, <u>放下歇着吧</u>。妞儿啊, 快倒水去, 啊!"(松花江上)

(18) 王英体贴地: "生病住院花费总会大一些嘛, <u>拿着吧</u>!"(卖大饼的姑娘)

2.7 人称上の制限

　"V着"のかたちの命令文の場合には、動作主(主語)が二人称に限

165

中国語の"Ｖ着"に関する研究

られると断定したいが、話し手が聞き手に何かの行動を一緒に起こす
ことを要求する場合には、「一人称＋二人称」でも可能である。

(19) 翠岚拿着一叠钞票放进去："钱放在这里。"
小翠又拿出来："我够用了，你留着吧。"(乱世风光)

(20) 妞儿有点儿走不动了："爹，歇会儿吧!""好，在这儿歇着吧。"妞
儿爹说着，在街心站住脚，妞儿赶紧放下手中的东西。(松花江上)

　例(19)は二人称の例であるが、例(20)は一人称も動作主の一員でも
あろう。さらに次のような場合には三人称も可能になるだろうが、本
章の研究対象外であろう。

(21) "…"说着亲妇人一口。妇人让他亲着，没有动，却说："…"(废都)

(22) 刚返回来，一杯茶水还未喝净，牛月清就进了门，提了一包刚出笼
的肉包子，喊叫娘先吃着，一脸红光光的，说："～"(废都)

3. 動詞の類との関係
　"Ｖ着"と動詞の類との関連について、先行研究の袁(1993)では、紙面を
多く使用して考察を加えているが、問題点も多少あるように思われる。従つ
て、この節ではできるだけ袁(1993)と比較しながら論を展開していきたい。

3.1 ＜＋自主＞＜＋状態＞＜＋付着＞
　袁(1993)では、"Ｖ＋着"というかたちの命令文に入る動詞をＡ(坐)Ｂ(等)
Ｃ(戴)Ｄ(拿)Ｅ(放)Ｆ(听)のように分類し、"Ｖ＋着!"というかたちの命令文
の意味用法を分析している。そしてＦ(听)類の動詞の場合は非常に特殊な場
合であるとしながら、Ｖの類を＜＋自主＞＜＋状態＞＜＋付着＞を持たなければなら
ない[4]と結論付けている。しかし、小説から採集した用例を見ると、この結
論はまだ改善する余地があるように思われる。

166

"V着"のかたちの命令文

　＜＋自主＞とは、"自主動詞"のことで、日本ではよく意志動詞と呼ばれている。自主動詞については、马(1988)は、"自主动词和非自主动词"という論文で"此外，自主动词加'着'还可以表示祈使。例如：看着、听着、洗着、等着、挂着、摆着"と述べている[5]。

　"V着"のかたちの命令文を作る第一条件は、马(1988)と袁(1993)が述べたように、まず意志動詞(自主動詞)でなければならない。しかし、意志動詞であれば"V着"のかたちの命令文が作れるというわけではない。さらに"V着"というかたちでアスペクトの意味として主体動作（または主体の動作＜変化＞の結果）の継続(持続)[6]を表せるかどうかに関わっているのである。継続性がなければ、たとえば"去、来、回、到"のような動詞では"V着"のかたちの命令文を作ることはできない。これは袁(1993)の＜状態＞と関係があるが、袁(1993)の＜状態＞は状態持続のことである。たとえば袁(1993)では、"动词中只有V＜＋状态持续＞能够进入'V+着!'，V＜＋动作持续＞是不能进入'V+着!'＞的。例如：*说着!*扫着!坐着!搁着!（'*'は非文の意）"と述べている。しかし、马(1988)の例からも分かるように、袁(1993)で述べている「動作持続」のVでも可能である。筆者の採集した用例の中には、動作の継続(持続)を表す"V着"で作られたものも少なくない。

　(23)"你们别难过了，粮食，我家里还了帐，还能剩一点，今晚上我给你们先拿一斗来，你们先吃着。～。"(高玉宝)

　(24)"你必须冲在最前头，听明白了吗？你要是敢退缩一步，我就打死你！"他对那个战士说："看着他!"(这是一片神奇的土地)

　また、袁(1993，p55~56)では"*说着!*扫着!"などを非文としているが"你们先说着，我出去一下，马上就回来。""你们先扫着，我去看看就回来。"のように言えないことはないように思われる。そうすれば、V＜＋状態持続＞は、決め手のひとつにはならない。

　さらに袁(1993)によると、「V」は＜＋付着＞という意味特徴を持たなければならないという。"坐、躺、站、立、拿、扛、提、举、穿、

167

中国語の"V着"に関する研究

戴、披、围、放、留、装"のような動詞の中には、確かに「付着」という共通の意味特徴がある。また、"歇、等、呆"のような動詞をその中に無理矢理に入れるのなら可能なようである。しかし、次の例の場合は、その中に仲間入りさせようとしても無理があるであろう。

(25) 郑文喜出望外："保宇现在有进步，这全靠你们的帮助。他从小就没有妈妈，是一个野孩子，以后多管着点!"(卖大饼的姑娘)

この例の"管"という動詞には明らかに付着という意味特徴はない。また"看(kàn)、看(kān)、盯、听、瞧、瞅、瞒、帮、吃、拦、养、学"のような動詞に"着"が付いた実例も筆者の採集した用例にあった。従って、「付着」という意味特徴は必ずしも絶対条件とは言えない。ただ「付着、状態持続」という意味特徴を有する動詞であれば、"V着"のかたちの命令文を作りやすい面があるように思われる。

このように見れば、一般的に"V着"で「継続(持続)」を表す意志動詞であれば、"V着"のかたちの命令文を作ることができると、袁(1993)の結論を改めなければならないということになる（勿論、動詞の性格などによってそういう命令文を作ることができない動詞もあろう）。なお、自然分布から見れば、"V着"のかたちの命令文に入るのは、単音節（光杆动词）動詞が相対的に多いようであるが、二音節もある。たとえば、次の例である[7]。

(26) (例行公事)你这半年干得不错，该多分点，可柜上欠着帐，拿不出多余的钱来，大家都得担负着点。(绝对信号)

(27) 郑文殷勤挽留："啊呀，时间还早，嗳，坐，坐，我给你烧两个水爆蛋。"对保宇："好好招待着点!"一面拿鸡蛋，一面打开收音机。(卖大饼的姑娘)

二音節の場合には、"V着点"というかたちで使用される場合が多いようである。しかし、そうでない場合もある。

168

"V着"のかたちの命令文

なお、結果性のある動詞(叫醒)と重ね型動詞(歇歇)では "快叫醒她!" "进屋歇歇吧!" のような、ひとまとり性のある命令文しか作れないので、継続性のある "V着" 式を作ることは不可能である。

3.2 "歇" 類の動詞

"歇" 類の動詞は、主に "歇、等、呆" などである。袁(1993)は、"歇着!(不用你来帮忙)" というような用例をあげて、"可见, 'Vb＋着！'的句式义是:说话人要求听话人保持某种休止状态。其预设是:听话人本来处于某种休止状态, 但是他准备或正在改变这种状态。'Vb＋着！'和'别＋Vb＋着！'的预设是一样的。例如, '歇着!'和'别歇着!'的预设都是听话人正歇着。" と、"歇" 類について結論を下している。しかし、この結論の枠に入らない実例もある。

(28) 于诞华看见一位腿脚有些不便的工人在拉着电焊线，不知谁朝那位工人嚷了一句:"行了，<u>你歇着吧</u>，让我来!"(女友)

(29) 旁边正是摆小摊的陈二叔家的门脸儿。陈二叔见到父女俩，迎上去招呼着:"大哥，<u>你屋里歇着!</u>"(松花江上)

この二例は、どちらもテンス的には発話時より以後（＝未来）である [8]。袁(1993)の "预设都是听话人正歇着" というようにはならないようである。結論から言えば、"歇" 類の動詞の場合にも、会話の場面構造から見れば、同様にいくつかのバリエーションが可能である（詳しいことは後述する）。

4. 場面構造的な特徴による分類

"V着" のかたちの命令文は、会話の場面への依存度が高く、その中ではじめて生命力を獲得して価値のあるものになる。従って、会話の場面構造の特徴に注目して、それを分類しなければならない。現段階ではそれを四分類とする [9]。

169

中国語の"V着"に関する研究

4.1 話し手は、聞き手（動作主）に対して、ある状態（動作）に入って、その状態（動作）をそのまま保持することを命令（要求）する。この場合、聞き手はまだその状態（動作）に入っていないが、話し手は、何らかの理由で、聞き手にその状態（動作）に入ることを命令（要求）する。テンス的には未来なので、聞き手に対しての、未来におけるある状態（動作）の保持への命令（要求）と言えよう。しかし、未来といっても現在と完全に切り離せない場合が多い。つまり、発話時点直後よりその状態（動作）に入り、そのまま保持することを命令（要求）することが多いということである。

 (30) 王唯克眼睛一亮："今天晚上，你不要外出，<u>在家等着我</u>。不过，万一试成了，我对你有个要求。"(华罗庚)

 (31) "新官上任三把火，<u>你下去盯着点</u>，别让他们少装了白灰！"(赤橙黄绿青蓝紫)

4.2 聞き手がある持続的な状態（動作）を変えようとするとき、話し手はそれを阻止しようとして、その状態（動作）を保持し続けることを聞き手に命令（要求）する。この場合、聞き手に対しての、現在におけるある状態（動作）の保持への命令（要求）と言えよう。

 (32) "全义，爸过来了。"金秀推了推全义。张全义要起来，被金一趟按住了。"……<u>躺着吧，躺着吧</u>！"金一趟说。(皇城根)

 (33) "<u>你们吃着</u>，别放下筷子，这样自然。"(作例)

4.3 聞き手は、聞き手自身のある持続的な状態（動作）を変えるが、話し手は、聞き手に対して、元の状態（動作）に戻って、その状態（動作）を引き続き保持することを命令（要求）する。この場合、テンス的には4.1節の場合と同様に発話時より以後の未来である。やはり、聞き手に対しての、未来におけるある状態（動作）の保持への命令（要求）と言えよう。ただし、4.1節とは会話の場面構造上の違いがある。

170

"V着"のかたちの命令文

(34) 小翠昏迷地睡着，断续地呓语，忽然睁大眼睛，目光灼灼地："小白
回来了，您听，"突然坐起，"您听!它在门口叫!"
翠岚："小翠，你病了，快躺着，别动!"(乱世风光)

(35) "你听着!怎么又走神儿了。"(作例)

4.4 話し手は、聞き手に対して、聞き手自身の現在における状態(動作)を保
持し続けることを要求する。これは、4.2 節とテンス的には同じであるが、
会話の場面構造に違いが見られる。

(36) "姐姐，您自己坐着。我略略收拾，就离开这里。"(红杏出墙记)

(37) "你们继续谈着，我去买点儿饮料。"

しかし、ある動作の保持への命令(要求)という用法は、用例から見れば4.1
節の場合に集中している。

5. 基本的な意味と含み(意味合い)

5.1 基本的な意味

"V着"のかたちの命令文は、次の例(38)から(41)を見てもわかるように、
動作実行への要求なのか、それとも状態(動作)保持への命令(要求)なのかによ
って使い分けられる。また、アスペクトの"V着"は、主に主体の動作、ま
たは主体の動作(変化)結果の継続を表し、聞き手への話し手の「命令(要求)」
を表さない。こう見れば、"V着"のかたちの命令文の基本的な意味は、話
し手が聞き手に対してある状態(動作)を保持することを命令(要求)すると言
えよう。言い換えれば、"V着"のかたちの命令文は、アスペクトの"V着"
の意味を継承しながら、その上に話し手の命令の意を含めたのである。更に
明瞭に言えば、基本的には、"V着"のかたちの命令文にはアスペクトの意
味と話し手の命令の態度が同時に存在する混合型である。

(38) "怎么回事?"淮海喝问。"你问他!"一明的头垂着。"你讲。"淮

171

海命令那个战士。(这是一片神奇的土地)

(39) "…。亲爱的，<u>等着我</u>，我就要来了。"(爱，是不能忘记的)

(40) "可以吗!<u>把送给大家的留着</u>，准备下馆子用的先开一瓶。"(白山黑水)

(41) 金秀说，全义刚才匆匆忙忙出去了，没打招呼，大概没走远，这会儿也快回来了。所以，别等他了，<u>先过去吃着吧</u>。(皇城根)

しかし、「V」に「付着」という意味特徴がある場合、普通の命令文との中和現象が起きることがある。例えば、"坐!" "坐着!" は場合によって同じような表現効果になる場合がある。ただ一方は動作実行への命令(要求)に重点を置き、もう一方は状態（動作）保持への命令（要求）に重点を置いていると思われる。

(42) "<u>在喜，坐</u>。" 我拿出些糖来招待。(这是一片神奇的土地)

(43) 车长:<u>你给我坐下，坐下</u>。(绝对信号)

この二例は、どれも"坐"という動作の実行を求めているが、例(43)は"坐"に"下"が付いたせいか、"坐着!" に近づいている。特に"坐下，别动!" "坐着，别动!" の場合は、もし立とうとする聞き手に発する命令であれば、"别动!" との関わりで、文法的には区別できるが、語用論的には区別しにくい面があろう。

5.2 含み（意味合い）

前述したように、"V着" のかたちの命令文の基本的な意味は、話し手が聞き手に対してある状態（動作）「への保持を命令（要求）するということであるが、"V着" のかたちの命令文には、場面構造や動詞の語彙的な意味やイントネーションなどによって、忠告・警告・関心・お願いなどのような、話し手の何らかの態度を帯びることがある。ここでは、このような話し手の何らかの態度を含み（意味合い）と呼ぶことにする。この含み（意味合い）

によって"Ｖ着"のかたちの命令文が強められたり、和らげられたりする場合が少なくない。

(44) 听差接钱会意:"外面等着, 我去禀报老爷, 看他见不见。"(鲁迅)
(45) 狗儿爷:"跟着我说。噢, (对祁永年)你也别走, 好好听着, 瞅着, 看看陈家人的骨气。…。"(绝对信号)

この二例は、普通の場合であるが、しかし次の場合は、よく命令（要求）以外の話し手の何らかの態度がその文につきまとう[10]。

＜禁止＞

「禁止」という含みを感じさせる場合がある。たとえば、次の例である。

(46) "好你个罗呆子, 你这小杂铺的小杂种, 你有种站着, 别走!"(华罗庚)

この例では、「帰るな・行くな」が命令との対になるものとしてつきまとっている。また、たとえば、"坐着, 别站起来！""站着, 别坐下!""躺着, 别动!"というと、常に「立つな」「坐るな」「動くな」「起きるな」などの意味合いが考えられる。

＜勧奨・忠告・注意・勧誘＞

(47) 王英体贴地:"生病住院花费总是大一些嘛, 拿着吧!"(卖大饼的姑娘)
(48) 金秀说, 全义刚才匆匆忙忙出去了, 没打招呼, 大概没走远, 这会儿也快回来了。所以, 别等他了, 先过去吃着吧。(皇城根)
(49) 四合院的大爷大叔们早就说过, "南蛮子会盗宝, 去海南岛做生意可得提防着点儿, 〜。"(皇城根)
(50) 牛月清说:"就是欠账, 这不是也还了吗?你庄老师也说过了, 我的菊花玉镯放着也是白放, 你就戴着吧"(废都)

173

中国語の"V着"に関する研究

これらの例(47～50)の"V着！"には、「勧奨・忠告・注意・勧誘」という含みがあるので、命令の意が和らげられている。"吧""点"が頻繁に使用されるのが特徴である。

＜慰め・関心・よびかけ＞

(51) 沉默了一会儿，金一趟说道："枝儿，听爸一句劝。别乱想，什么也别想。好好养着……你爸爸老了，我还有什么牵挂? ～。"(皇城根)

(52) 在另一角落里，牛嫂一边哭泣，一边收拾着床上的包袱。阿梅走过来，同情地安慰她："银嫂，你忍着气，别哭，这地方就是这样的。"(松花江上)

(53) "刚吃。快点吃了，早点歇着吧!"(松花江上)

(54) 赵安宝:真不小!老总!真不小呀!

贺龙:等着吧!大的还在后头哩!(曙光)

この場合は、命令の意がありながら、話し手のやさしい気持ち・心配してくれる気持ちが感じられる。

＜お願い・懇願＞

この場合は、話し手の聞き手への依頼を表している。

(55) 郑文喜出望外："保宇现在有进步，这全靠你们的帮助。他从小就没有妈妈，是一个野孩子，以后你多管着点! "(卖大饼的姑娘)

(56) "～。前儿个探过金老爷子的底儿，也是这门儿心思。二位费心，帮忙打听着，谁家想抱儿子，人家儿也过得去的，就给牵牵线儿，～。"(皇城根)

(57) "可以。我这就回家去拿。"

"好。"周翁起身，步履蹒跚，出门之际又郑重叮嘱："范小姐，你真的等着我，我一会儿就回来。"(假凤虚凰)

(58) 他紧紧地拥抱兰英，亲着她的面颊，良久。他深情地："兰英，等着

174

我回来吧。" (恋愛之道)

＜警告・恐喝＞

(59) 马福一甩袖子，蛮横耍赖："没门儿！"刘艳华强压怒火："你等着！"
　　(新岸)

(60) "等着吧，等着我来打发你们！"(小镇上的将军)

(61) "你等着，我饶不了你！"(作例)

5.3 基本的な意味からの解放

ところで、常にある状態(動作)への保持を命令(要求)するとは限らない。場面構造、文構造、動詞の語彙的な意味などの影響によって、そういう意味が考えられない場合がある。

(62) 武大郎："自家兄弟不必客气，给了就拿着吧。"(武松)

(63) "你拿着，别放下。"(作例)

(64) "我抓了个诈骗犯，我要跟他上派出所！"张全义又揪住了王喜的衣袖。"你……你等着，我……我跟你没完！"王喜又把他甩开了，嘴里不服软，心里明白，这事也只好算自己栽了。(皇城根)

(65) "等着我，我上楼跟你说。"(皇城根)

　例(63)と例(65)は、基本的な意味を表す場合であるが、それに対して、例(62)の"V着！"は、意味変化が起きて「もらいなさい」という意味に近づいており、例(64)の"V着！"は、主に「警告・恐喝」という話し手の態度を表している。

　こうして、話し手の何らかの態度という含みが主として表されるとき、ある状態(動作)保持の意が色薄くなると言えよう。言い換えれば、この場合、基本的な意味を後退させ、含みが全面に言い表されるようになると言えるであろう。

175

6. 否定形式

　“V着”のかたちの命令文に対しての否定の表現形式は、“別+V着”という形であるが、また、“不要+V着”“不准+V着”などの形式もある。しかし、これらの表現形式は“V着”のかたちの命令文に対応するだけでなく、“別+吃”“不要+看”“不准+坐”のような場合にも使用される。“V着”のかたちの命令文(否定)の場合には、アスペクトの“V着”(肯定)を前提にして使用されている。テンス的には未来(例66)または現在(例67，68)になる。さらに人称的には一般的に二人称に制限されるが、“我们别老记恨着人家。”のように一人称(複数)の場合も可能である。

　　(66)　“真的呀?有事儿可不准瞒着我!”(皇城根)

　　(67)　徐太太说:“別站着哇，请入席吧。一边儿喝酒一边儿聊。”(皇城根)

　　(68)　“你不要老拦着我，让我过去!”(作例)

7. おわりに

　以上、“V着”のかたちの命令文について、いくつかのレベルにおいて、述べてきたが、まとめると以下のようになる。

　 i . 主語の有無。一般的に「対比」「待遇表現」「強調」「複数の動作主」などの場合には、主語が用いられ、それ以外の場合には、主語が用いられない傾向にある。また、人称的には主語が二人称、「一人称＋二人称」の場合に制限される。

　 ii . 動詞の類との関係。一般的に「継続（持続）」という意味特徴を有する意志動詞であれば“V着”のかたちの命令文を作ることができる。また“歇”類の動詞も、他の動詞と同様に幾つかのバリエーションがある。

　 iii . 会話の場面構造の特徴から“V着”のかたちの命令文を四分類することができる。

　 iv . “V着”のかたちの命令文の基本的な意味を、基本的に話し手が聞き手に対してある状態(動作)を保持することを命令(要求)すると規定した。そして、この場合、アスペクトの意味と話し手の命令の意味が同時に存在する混

合型であると主張した。

　v.“V着”のかたちの命令文には、場面構造や文構造や動詞の語彙的な意味やイントネーションなどによって警告、忠告、勧奨などのような話し手の何らかの態度を帯びることがある。この場合、基本的な意味から解放されることがある。

　vi. 否定形式の“别+V着”などは、アスペクトの“V着”(肯定)を前提とする。

注

1)『国語法文章論』(三尾砂 1947，p115)、《现代汉语(下)》(黄伯荣等 1981，p355)参照。

2)『文のこと』(奥田靖雄 1985，p227-240)、『日本語文法・形態論』(鈴木重幸 1872，p53)、「命令文」(村上三寿 1993，p67-115)参照。

3)“慢着”“快着”のような“形容詞+着”の場合もあるが、使用される形容詞が限られている。また、小稿では考察の対象を“V着”の場合に限定しているので、参考として二例だけあげておく。

　　○张伯钧:“慢着，请他，他不来，这下自己又来了，让他在外面等一会!”(《华罗庚》)

　　○“大爷，车在门口等您去看行头，您倒是快着点呀。”(《绝对信号》)

4)袁 (1993，p56)によると、“进入‘V着!’中的动词必须具有<+自主><+状态><+付着>这三项语义特征。”という。

5)马（1988，p22）は“自主动词和非自主动词”で、“自主动词从语义上说是能表示有意识的或有心的动词行为的。所谓有意识的动词行为指的是能由动作发出者做主，主观决定，支配的动词行为。这是狭义的动作行为。我们把这种动词的语义特征记作<+自主>，<动词>”と定義し、また《实用汉语语法大辞典》では氏の説を紹介する形で“表示动作者有意识的动作行为的动词”と定義している。

6)筆者(1999，p207-226)は、「中国語の“V着”について」という論文で、アスペクトの“V着”の意味を「継続」とし、その下位分類として動作の継続と結果の継続のように二分類した。

中国語の"Ｖ着"に関する研究

7) 袁(1993)によると、"双音节动词我们只发现"提留"一个"という。この点では筆者の調査とややずれている。

8) ここでは中国語の特徴を考慮に入れ、形態論レベルよりやや緩やかな考え方でテンスを見ている。

9)袁(1993, p47-54)では、それを三つに分類している。

10)含みについての分類は、現段階ではまだ経験に頼っている。

参考文献

三尾 砂　(1948)『国語法文章論』(三省堂)

奥田靖雄　(1985)『ことばの研究・序説』(むぎ書房)

奥田靖雄　(1993)「動詞の終止形その(1)(2)(3)」(『教育国語』2, 9/12/13)

工藤真由美(1987)『アスペクト・テンス体系とテクスト』(ひつじ書房)

仁田義雄　(1997)『日本語文法研究序説』(くろしお出版)

村上三寿　(1993)「命令文——しろ、しなさい——」(『ことばの科学6』むぎ書房)

呂 叔湘　(1980)《现代汉语八百词》(商务印书馆)

黄 伯荣等　(1981)《现代汉语(下)》(甘肃人民出版社)

马 庆株　(1992)《汉语动词和动词性结构》(北京语言文化大学出版社)

刘月华(等)(1983)《实用现代汉语语法》(外语教学与研究出版社)

袁 毓林　(1993)《现代汉语祈使句研究》(北京大学出版社)

王 学群　(1999)「中国語の"Ｖ着"について」(『現代中国語研究論集』1999 現代中国語研究会、中国書店 p207-226)

王 学群　(1999)"Ｖ着"のかたちの命令文について(『千葉商科大学紀要第37巻第2号』)

王 学群　(2002)「"Ｖ着"再考』『日本語と中国語のアスペクト』(日中対照言語学会編、白帝社)

［付記］

　本章は、『日中言語対照研究論集7』(日中対照言語学会編、白帝社、2005)に掲載された論文(「"Ｖ着(zhe)"のかたちの命令文再考」)をもとに加筆・修正したものです。

第 10 章
"有着"について

内容提要

本章主要对现代汉语的"有着"这一形式进行了考察，认为："有"的使用范围很广，而"有着"仅限于"性質づけ"。由于主语与"有着'＋宾语"之间一般具有"性質づけ"这一语义特征，所以其所带宾语一般需要接受定语的修饰，使其呈现性质义。本章把主语与"有着+(定语)宾语"之间的这一语义特征分为"特性づけ"、"特徴づけ"、"関係付け"、"量づけ"、"存在づけ"等五类。

キーワード：書面語　有標　無標　性質づけ

目次

1. はじめに
2. 先行研究
　2.1 基本的な"V着"
　2.2 派生的な"有着"
3. "有着"が"书面语"か
4. 有標と無標とは"语气缓和些"だけの違いか
5. "有着"の目的語は抽象名詞に限られるか

179

中国語の"V着"に関する研究

6. 構造的な制限

7. "有"文と"在"文

8. "有着"文の性格

  8.1 特性づけ

  8.2 特徴づけ

  8.3 関係づけ

  8.4 量づけ

  8.5 存在づけ

9. 有標と無標の異同

10. おわりに

1. はじめに

属性動詞には次のようなものがある[1]。

  (1)存　　　在：有、在、存在、竖立、耸立、矗立、屹立

  (2)判断、関係：是、属于、等于、象征、代表

  (3)比喩、比較：像、比、比较

  (4)性　　　質：擅长、善于、忠于

  (5)状　　　態：哆嗦、恶心、发抖、颤抖

  (6)能　　　願：能、会、可以

周知のように、"V着"の形を有する属性動詞は、そんなに多くはない。また、"V着"の形をとる多くの場合は、あってもなくても意味的にはそんなに変わりがない。以上(1~6)の動詞に限ってみれば、"V着"の形をとるのは、"有、存在、竖立、耸立、矗立、象征、代表、哆嗦、颤抖"などである。

  (1) 在当代北京城中，实际上**存在着**两个武坛。一个是体委主持的，运动员们常被选派参加各种正式的比赛，获奖者享有公开的荣誉，(钟鼓楼)

"有着"について

(2) 一瞬间，倪藻忽然觉得自己变得十分强大。他知道，赵微土期待着他的言语就好象他代表着最权威的方面。…。"(活动变人形)

(3) 几百个人昂然不动、鸦雀无声地仰头望着他那沉静的富有表情面孔。"我们每个青年都有着雄伟的抱负，…！(青春之歌)

(4) 墙外，耸立着一片峭壁悬岩，遮没了视线。(红岩)

(5) 郑克昌动也不能动，学生说了的话，真会干出来的。
"我，我…"郑克昌哆嗦着。(红岩)

(6) 铁窗在牢门的对面，窗外有一片荒土，再远一点便是电网高墙。(红岩)

以上の例文は、例(6)を除けば、いずれも"V着"の形になっている。しかし、それらの動詞は、"V着"の形が使われる場合もあれば、例(6)のように"着"が使われない場合もある。例えば、次の例である。

(7) 一个强烈的愿望牢牢地攫住了这个二十一岁的少女:我要尽一切努力，让这个男子重新像塔一样耸立起来。(突出重围)

(8) 在进一道门，就是有一两百米大小的作战指挥室。(突出重围)

(9) "是是是，"黄兴安点头道，"我们当然也存在布防上的漏洞，在协调上也存在问题。"(突出重围)

例(1)〜(9)から見れば、これらの動詞には、有標と無標という二つの形があるということが分かる。なぜそういう現象があるのか、また有標と無標はどのように使い分けられているのか、さらに有標と無標は具体的なテキストの中でどのように使用されているのか、という疑問を持つことが当然であろう。本章は、このような問題点に焦点を当て、それを明らかにすることを目的とする。ただ紙面の都合で、さらに"有着"に絞ることにする。

181

中国語の"V着"に関する研究

2. 先行研究
2.1 基本的な"V着"

　ここでは、アスペクトの意味を実現している"V着"の場合を基本的な"V着"と呼ぶことにする。基本的な"V着"については、"着"にだけ注目した研究もあれば、研究対象を動詞に広げて"V着"のアスペクトの意味を考察した研究もある。しかし、基本的に、"V着"のアスペクトの意味は、進行と持続にまとめられているようである[2]。また、筆者は、拙稿(1999)の「中国語の"V着"について」では、"V着"のアスペクトの意味用法を基本的に継続を表すとし、この継続をさらに動作の継続と結果の継続に二分類した[3]。

2.2 派生的な"有着"

　ここでは、基本的な"V着"以外の場合を纏めて派生的な"V着"と呼ぶことにする。筆者の手元にある文献資料に限って言えば、特に基本的な"V着"の場合と比べれば、派生的な"V着"に言及した研究は、まだそれほど多くない。「属性動詞+"着"」の場合は、派生的な"V着"のなかに入るが、それに関する先行研究はまだ少ない。ただ、《現代汉语八百词》(以下は《八》と略すことにする)と《实用现代汉语语法》(以下は《实》と略すことにする)では"有着"についてある程度触れている。

　ⅰ.《八》の"有"の意味用法の「1」の「a」(p557)では、("有"について)"有时可带'着',多见于书面。"と述べ、次のような例をあげている。

　　○ 他有着艺术家的气质。
　　○ 这二者之间也是有着联系的。

　ⅱ.《实》(1988, p231~232)では"有些非动作动词后面可以用'着',用

182

'着' 与不用 '着' 意义上没有什么不同，但是 '着' 语气缓和些。" と述べている。また、「注」という形で、"有着" という形について "'有' 后用 '着' 时，宾语只能是抽象名词。" とも述べている。

○ 他写了一篇充满着爱国主义热情的文章。

○ 人民这个概念在不同的国家和各个国家的不同的历史时期，有着不同的内容。

上記の先行研究から分かることは、以下のようである。

a. "有着" という形が可能である(《八》、《实》)。

b. 有標の場合は、"书面语" として用いられるのが一般的である(《八》)。

c. 有標と無標の違いは、意味的な違いではなく、語気の違いである(《实》)。

d. "有着" という有標の場合は、抽象名詞に限られる(《实》)。

以上の結論は、いずれも二つの先行研究に従っている。一番目の結論は、そのまま認めてよいだろうが、ii～ivの結論は、適切かどうか、まだ考察する余地があろう。

3. "有着" が "书面语" か

採集した1500例のうちの341例を対象に調べた結果、会話文に用いられた用例は5例しかなかった。この結果は、先行研究の《八》の "多见于书面语" という結論を再確認したと言えよう。そして、会話文に使われた例は、基本的に、日常会話でよく使われるものではない。

(10) "江姐，你太兴奋了，休息一会儿吧。"

183

中国語の "V着" に関する研究

"是该兴兴奋啊，我们这里，**有着**多么坚强的党，多么坚强的战友！"(红岩)

(11) 我忽然想起多年前，我听到罗群和那位区委书记的谈话，区委书记不是说过什么 "你的前任" 什么的吗？难道以后的一切和吴遥**有着**密切的联系？（天云山传奇）

(12) "对罗群的迫害，其手段之毒辣卑鄙，也达到了令人难以置信的程度；而我，也跟着受到了最残酷的折磨，要不是我们对党对人民**有着**坚强的信念，我们早已不在人世了！"（天云山传奇）

4. 有標と無標とは "语气缓和些" だけの違いか

先行研究の《实》では "着" があるかないかの違いを「語気がいくらか和らぐ」のように見ている。

(13) 说到底是因为他们**有着**不同的世界观、人生观、价值观。在孔繁森看来，居官为民，那是天经地义的；而在有些人看来，居官为己，那也是理所当然的。(人民日报 1996)

(14) 号召大家勇敢地告别陋习，做一个**有着**良好的公德修养和精神风貌的现代文明人。(人民日报 1996)

(15) 阿根廷是一个严于法治的国家，人们的法制观念比较强，有崇尚法律和讲究文明礼貌的传统。(人民日报 1996)

(16) "拖得越远越好。"

家珍被拖出去时，双手紧紧捂着凸起的肚子，那里面有我的儿子呵，家珍没喊没叫，被拖到了大街上，…。(活着)

(17) 城里的女人可不是他们说的那么坏，我有两次听到她们对二喜说："二喜，你去买两斤毛线来，也该让凤霞有件毛衣。"(活着)

(18) 不论是谁，只要有违法违纪行为，都可能被告发并受到法纪的惩治。阿根廷首都联邦法院的 10 名法官受罚就是一个例子。(人民日报 1996)

184

例(13)～(18)のうち、例(13)(14)は、"着"を使わなくても非文にはならないし、例(15)は"着"があってもよいが、例(16)(17)(18)ではそれぞれの「V」の後ろに"着"を付着させたら非文になる。また、次の場合、"有着"という形は、あまり使われない。

(19) 凤霞脸上**没有**脂粉，也红扑扑和新娘一样，她一直扭头看着新娘。(活着)

(20) 凤霞命苦，她只**有**这么一点看看别人出嫁的福份。(活着)

(21) "小陈，你工作努力，将来会**有**成绩的，你很听话，进步很快…"(红岩)

(22) "难道你没有看见到处都在搜索《挺进报》?车站、码头，到处都**有特务**。"(红岩)

(23) "我是女同志，我**有**个可爱的孩子，他并没有妨碍我的工作。"(红岩)

(24) "老彭在山上时，一**有**空，就种些我爱吃的芋头，…"(红岩)

こう見ると、有標と無標の違いは、ただ"语气缓和些"だけの問題ではないように思われる。

5. "有着"の目的語は抽象名詞に限られるか

前述したように、《实》の説に従えば、"有着"の目的語が抽象名詞に限られるということになる。

(25) 在难以分辨城乡的三角洲各地，无论走到哪里，给我们的第一个强烈感受，就是各级党组织都**有着**很高的**威信**。(人民日报 1996)

(26) 因此，以前我们和他的接触并不多。只因是同乡，他对我们**有着**一份大哥式的关照，每次回乡探亲都要到我们家里问候一下。(人民日报 1996)

中国語の"V着"に関する研究

(27) 高二林那健壮的身体，～维～，却已经显示出来的那种对她的忠
贞，都深深地打动了她那受过蹂躏、**有着**创伤的**感情**。(金光大道)

(28) 他比别人都走得快。并且一旦启步，便不会改变自己的行速也不
会中途驻足。他对按自己的行速在人行道上行走**有着**一种**快感**。
(あした来る人)

(29) 我不喜欢眼前这个孙悦的做作。虽然，我知道人们故意做作**有着**
各种各样的原因：为讨好，为虚荣，为掩盖真情……但是各类做
作我一概不喜欢，因为它是一种病态。(人啊，人)

(30) 它对于增强土壤肥力和活性，促进作物增产和早熟，改善作物品
质、防病抗病**有着**显著的**作用**。(人民日报 1996)

これらの例に限ってみれば、確かに目的語は、全部抽象名詞であるが、しかし筆者の採集した例文からみれば、目的語は、抽象名詞ではなくても可能である。ただ、全体的にみれば、抽象名詞のほうがやや多いようである。《実》(p18)では抽象名詞を定義していないが、次のように名詞を分類している。

名词表示人或事物的名称。在汉语里，名词通常分为以下四个小类：
一、一般名词:手　床　书架　字典　纺织机　自行车　专家
　　　工程师　售票员　学生　伯父　阿姨
二、专有名词:中国　黄海　北京　西胡　长城
三、集体名词:人类　人口　书本　车辆　瓷器　物资
四、抽象名词:概念　气氛　原则　意识　成就　水平
除上述四类名词外，还有一些名词表示方位、处所和时间。

この分類から《実》の抽象名詞の内容が伺えるが、この分類に従って筆者の採集した例文を見ていくと、どうしても抽象名詞と思われない名詞が出てくる。例えば、次の例文における目的語となる名詞は、いずれ

186

"有着" について

も抽象名詞とは言えない。

(31) 河南省是我国有着九千万人口的大省，也是中华古老文化的发源
地。(人民日报 1996)

(32) 那小院里住着一对中年夫妇，男的叫韩一潭，是个有着三十年经
验的诗歌编辑，女的叫葛萍，是个有着二十七年教龄的小学教
师。(钟鼓楼)

(33) 祖父永远摆出不亲切的严肃的面孔，陈姨太永远有着那张狡猾的
擦的又红又白的粉脸，继母对他客气而不关心。(家)

(34) 作家是个小矮个子，瘦瘦的，四十岁上下的年纪，抽烟抽得厉
害。好象有着极严重的气管炎，坐在那里不说话，…。(小鲍庄)

(35) 别的不用说了，就拿她们的毛线衣来说吧，杏儿的是洋红小开领
的细线腈轮衫，胸口上有着黄线和绿线绣出的花儿叶儿。(钟鼓
楼)

(36) 一看水槽里的人们，我就觉得不管怎样，即使婴儿死了的话也要
生下来，因为他毕竟有着清晰的皮肤。…"(死者の奢り)

(37) 许云峰看出他戴着退色的军帽，有着一双火一样热情豪爽的眼
睛，袖高高地卷起，露出两只黝黑的手臂，…。(红岩)

以上(31〜37)の例文から見れば、目的語が抽象名詞ではなくでも可能
であるということは明白である。また、《实》(p18)の名詞分類の基準に
従い、採集した用例から見れば、"有着"と組み合わさる目的語となる名
詞の分布は、次のようである。

ⅰ．抽象名詞と思われるもの
气氛、快感、欢乐、关联、不同、含义、盼望、绝望感、亲切感、气质、
特点、差别、记载、经验、意趣、特征、嗜好、精神生活、相貌、感情、
情感、把握、共鸣、一致、关系、什么、 空隙、距离、情由、自尊心、

187

中国語の"Ⅴ着"に関する研究

危难、现实感、呼应、精确姓、联系、悲剧、缘由、爱、音响、过去、意思、渴望、光棱、娇嫩、感恩、抱负、信仰、好心肠、力量、心灵、原因、理想、期待、精神现象、媚气、笑意、能力、统一、前途、意义、价值、厌恶、作用、激进、体形、概念、智慧、血统、天壤之别、诱惑力、阴影、内容、非凡之处、信念、意思、思想、哀愁、凉意、性格、表情、模糊、自信、形式、地方、感觉、抵抗感、势利眼、神韵、优势、共同点、差异、仪式、生活、统计数字、威望、面容、灵魂、长度、宽度、高度、东西、责任感、心绪、期望、质地、用场、快活、魔魂、印象、回忆、脾气、气势、豪气、考虑、判断、留恋、遭遇、心血、基础、公德、见解、梦想、速度、前景、造化、价值观、竞争、背景、苦恼、见识、区别、责任、业绩、潜力、吸引力、关照、实力

ii. 抽象名詞と思われないもの
鱼钩、玻璃门、花叶、垃圾、大门、眸子、血迹、旗帜、肚皮、皮肤、舌、字、门、房间、栅栏、发条、头发、眼睛、脚、车辙、越前竹偶、脸蛋、两颊、猴子脸、粉脸、鹅蛋脸、瘦脸、空气、头部、下额、脸庞、气管炎、体臭、丈夫、女士、父亲、情夫、男人、小姐、病人、女人、祖母、人、心、薄膜、两端、教龄、光环、腕力、器官、文化人、名和姓、身体、波纹、面孔、污点、斑点、色彩、浮肿、人物、部队、笔名、钱、胃口、职业、设备、眼睛、党、战友、笔法、笔迹、纸条、插图、铁门、树木、要案报告、生命、国家、警龄、人口、卷宗、市场、种子、资产、资源、空间、历史、天空、空气、躯壳、下额、头部

　このリストからも、"有着"の目的語となる名詞が抽象名詞でもそうでない名詞でも可能であるということが分かる。しかし、以上のことを明らかにしても、"有着"をめぐるなぞが完全に解けたわけではない。以下は、主語と目的語との関連も考慮に入れて"有着"が用いられる実態を調査し、全体的な解明を試みたい。

"有着"について

6. 構造的な制限

例文から見れば、"有着"が用いられるとき、構造的な制限を受け、は だかの目的語を有する場合が少ない。例えば、"地方"は、"有着地方" というようにはならない。一般的には"地方"の前に連体修飾語(定語) が求められるのである。

(38) 而且各自的生活经历也有那么多的差别，可他们对生活的看法，
     却**有着**那么多相通的**地方**…她把那本日记压在枕下，…(钟鼓楼)

(39) 当然，接着，他知道的组织就纷纷遭到了破坏。而卢嘉川的被捕，
     也和这个叛徒**有着**密切的**关系**。（青春之歌）

(40) 但是，他的生命中好像**有着**顽强的永不会枯竭的**力量**，当他刚刚
     清醒一些，便急急地用着木棍…。（青春之歌）

(41) 因此，以前我们和他的接触并不多。只因是同乡，他对我们**有着**
     一份大哥式的**关照**，每次回乡探亲都要到我们家里问候一下。(人
     民日报 1996)

たとえば、例(38)の場合、恐らく"那么多相通的"という連体修飾 語がなければ非文になるだろう。こう見れば、「連体修飾語がなけれ ば骨組みだけでは成立しない」という仮説を立てることができるが、 しかし無理なようである。次のような反例もある。

(42) 然而这世界也真叫人不可思议，看了生厌的人**有着好心肠**；意气
     相投的朋友反而是恶棍。实在太捉弄人了。(坊ちゃん)

(43) "啧啧，人家的政委硬是天上星宿下凡，打救贫民百姓的！"
     老板娘仿佛**有着真凭实据**。(红岩)

例(42)(43)のような例文は、数例しかないが、"好心肠""真凭实据"と いう目的語の前に連体修飾語はない。こう見れば、構造的な制限という

189

中国語の"V着"に関する研究

観点からの考察は、まだ現象的である。しかし、はだかの目的語の使用が制限される原因は何だろうか。これについては、次の節に譲りたい。

7. "有"文と"在"文

　周知のように、"有"は、"在"と同レベルで扱われて存在を表す動詞であると一般的に説明されている。しかし、この言い方は大まかなもので、"有"の使用範囲は、遙かに"在"より広いのである。例えば、"我有一个姐姐。""她有一个好心肠。"は、"在"で言い換えることはできない。勿論"桌子上有一本书。"も、言い換えることはできないが、"书在桌子上。"というようには言える。それに対して、"姐姐在我。""好心肠在我"とは言えない。というのは、"桌子上有一本书。"の場合は存在を表し、"我有一个姐姐。"の場合は所有を表すからである。"有着"は、一般的に所有という用法として使われる。勿論前者(存在)の場合もあるが、極めて少ない。

> (44) 叫她怎么可能象以往一样呢？那时候，她**有着**坚定的信仰，热烈的追求，美好的憧憬，旺盛的精力。(人啊，人)
>
> (45) 我爱这些青年。我常常觉得，我和他们**有着**共同的理想和期待。在他们身上，我既看到了自己的过去，…。(人啊，人)
>
> (46) 一霎间，那些迷蒙的山水画变了，它变成一面巨大的红色旗帜——上面**有着**镰刀铁锤的红色旗帜。(青春之歌)
>
> (47) 说着话老人从怀里掏出一件污旧的白褂子，上面**有着**大片陈污的**血迹**。老人提着这件血衣，手微微颤抖：(青春之歌)

　前二例は、所有の場合で、後二例は、主体が"上面"という場所名詞になっているので、(多少無理があるかも知れないが)、存在を表していると理解してもよいように思われる。また、前二例は、"信仰、追求在她""理想和期待在我和他"のように言い換えられないが、後二例は、多少

190

不自然さが残るが、"镰刀、铁锤在上面""血迹在上面"のように言い換えられると思う。なぜそういう現象が起きるのかというと、所有(44、45)と存在(46、47)の違いがあるからである。

また、計量的に見れば、存在を表す例文が極めて少ないが、「具体的な場所＋有着＋抽象名詞以外の名詞」という構造に用いられる傾向がある。

(48) 飞快地翻阅起来，他看见这里的书店战前发行的书籍里，**有着**好些插图，其中并有一幅精美的马克思画像。(红岩)

この例も「具体的な場所＋"有着"＋抽象名詞以外の名詞」という構造であり、やや不自然さが残るが、"好些插图在战前发行的书籍里。"というように言いかえられる。

8. "有着"文の性格

前述したように、"有着"の目的語は、抽象名詞が多く、はだかの目的語が制限される。こういう現象は、実は、主語と「'有着'＋目的語」の性格(意味的な関係)に深く関わっている。例文から見れば、「'有着'＋目的語」という構造では、主語の質的な側面を表すと考えられる。

高橋(1984)は、「名詞述語文における主語と述語の意味的な関係」(p18~39)という論文で、この問題について有益な考察をしている。この論文は、現代日本語の名詞述語文についてであるが、"有着"の問題と関連のある研究であって、「主語」と「'有着'＋目的語」の意味的な関係を解明するのに、非常に貴重な研究である。以下は、まずその論文の基本的なところを紹介して、その後、筆者の考え方を述べたい。

高橋(1984)は、この論文で名詞述語文における主語と述語の意味的な関係を次のように四分類している。

A　動作づけ(述語が主語のさししめすものごとの運動をさししめし

ているもの)　○私は絶交だ。
B　状態づけ(述語が主語の状態をさししめしているもの)
　　　　　○おまえらはねる時間だ。
C　性格づけ(述語が主語の質的な属性をさししめしているもの)
　　　　　○彼女は陽気な性質。　○一郎はのっぽだ。
D　同一づけ(主語と述語が同一のものごとをさししめしているもの)
　　　　　○　あれは、花子さんです。

　この論文は、A、B、C、Dというように現代日本語の名詞述語文を
分類しているが、Aは動作に関する場合であり、Dは主語と述語が同一
ものの場合である。Bは、「おまえらはねる時間だ。」のように「一定の
時間(時点または持続時間)において、どんなありさまにあるかをさしし
めす関係である」(高橋1984、p27)ので、「主語＋'有着'＋目的語」
という構造にはそういう意味的な関係はない。従って、本研究と関係が
あるのは、Cだけである。
　高橋(1984)はCについて次のように再分類している。

性格づけ
　性質づけ
　　一名詞　　　　○彼女は陽性だ。
　　類概念＋内包　○彼女は陽気な性質だ。
　　量・程度づけ　○座敷は六畳だ。
　　存在づけ　　　○家はあの下だ。
　　関係付け　　　○あなたがたはいいともだちだ。

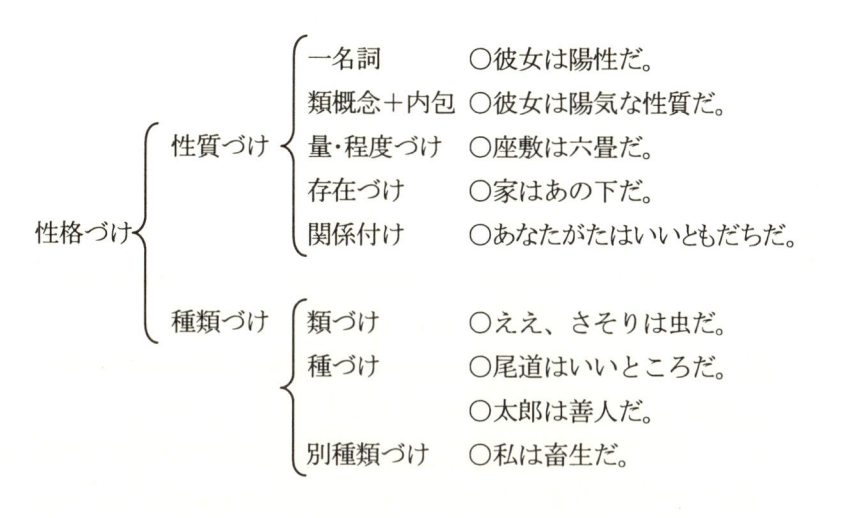

　種類づけ
　　類づけ　　　　○ええ、さそりは虫だ。
　　種づけ　　　　○尾道はいいところだ。
　　　　　　　　　○太郎は善人だ。
　　別種類づけ　　○私は畜生だ。

"有着"について

採集した 1500 例から見れば、「'有着'＋目的語」という構造が、基本的に性格づけになっている。勿論高橋(1984)の性格づけのすべての用法を有するわけではないが、その中の一部分を確かに持っている。

なぜ、抽象名詞が多く、はだかの目的語が制限されるか、という疑問への解答は、ここに求められる。例えば、"有着地方"の"地方"は、まだ性格づけの手続きがされていないので連体修飾語が要求され、また"有着好心肠"は、すでに性質化的なものになっているのでそのままの使用が許されると考えられる。

高橋(1984)の分類を学んで、主語と「'有着'＋目的語」との意味的な関係を次のように分類した。

$$
性質づけ \begin{cases} (1)特性づけ \\ (2)特徴づけ \\ (3)関係づけ \\ (4)量づけ \\ (5)存在づけ \end{cases}
$$

8.1 特性づけ

特性づけとは、あるものに特別に備わっている性質、または特有の性質、特質を指す。「'有着'＋目的語」という構造で主語のこのような特質をさししめす場合が多い。

(49) 中国在近代历史上**有着**长期被侵略被压迫的**遭遇**，深知独立与和平的可贵。(人民日报 1996)

(50) 是因为他肩上承载着重要的事业，他**有着**一种高度的革命责任**感**，而并不是因为她的打扰会使他感到厌烦。(钟鼓楼)

(51) 对于我们做好这一时期各方面的工作，抓住用好两个世纪之交的历史机遇，**有着**至关重要的全局性意义，这需要我们不断…(人

193

民日报 1996)

(52) 但在北京市的武术迷心目中，往往比前一个武坛的明星，还**有着**更崇高更神圣的**威望**。当然，这两个武坛相互之间…(钟鼓楼)

(53) 良好的物质文化生活环境，确实有它的魅力，然而在都市之外的天地里，却**有着**大学毕业生大显身手的广阔空间。(人民日报 1996)

　例(49)を例にして説明すれば、主語である中国は"近代历史上"において、"长期被侵略被压迫的"という"遭遇"を持っている。つまり、近代史における中国には"长期被侵略被压迫的遭遇"という特質を有するということである。

　また、次の二例は、やはり特性づけに入るとは見ているが、定義づけというカテゴリーを立てるのなら、定義づけと見てもよい。

(54) 具体到这一层面，张必青先生是个**有着**较高远情怀和较纯粹人格的人。（人民日报 1996）

(55) 智利是一个**有着**重要影响的拉美国家。近年来，智利政府为促进经济发展和改善人民生活进行了不懈的努力，…。（人民日报 1996）

この二例のような場合は、主に"是"字句の中で使われている。

8.2 特徴づけ

　特徴づけとは、ほかのものと比べてとりわけ目立つ点、またはそのものの特有の点、特色を指す。次の例のように、目的語となる名詞は主に抽象名詞以外の場合である。特に身体の一部分を特徴づける場合が多い。

(56) 一位崇拜者到了后台，他本来大概不惜跪倒我的脚下，但当他发现了卸了装的我竟**有着**一张浮肿的脸庞，（钟鼓楼）

194

"有着"について

(57) 区委书记是个二十五岁, …, 也就是在"三一八"集会时最初讲话的那个人, 他**有着**一双金鱼样的鼓眼睛。(青春之歌)

(58) 一派视慕樱为时代潮流的峰尖人物, 觉得她的头上几乎**有着**一个灿烂的**光环**；另一派…。(钟鼓楼)

(59) 可是, 我却**有着**这样一个**躯壳**：粗矮的身材, 微凸的肚子, 脸上——怎么说呢？(钟鼓楼)

(60) 这女儿长得十分美丽——自然是按当时的审美标准衡量。她**有着**一张鹅蛋脸, 双眼细而长, 鼻梁平塌而鼻头圆白, (钟鼓楼)

例(57)では、"一张浮肿的脸庞"というように、主語"我"の顔を特徴付けている。しかし、特性づけと特徴づけには区別しにくい場合がある。例えば、次の例である。

(61) 因此, 自己所在的小饭馆里有那么一个小头头, 仍旧**有着**一双为旧时代所污染的**势利眼**, 这又有什么稀奇呢？(钟鼓楼)

ところで、観点を変えて見れば、このような例があるのは、特性づけと特徴づけが互いに切っても切れない連続的なカテゴリーであるということを示してもいる。

8.3 関係づけ

関係づけとは、ほかとの関係で性質づけるものである。主語が複数になるのが特徴である。

(62) 教育涉及千家万户, 几乎与每一个人都**有着**密切的关系。《教育》专版的宗旨是面向大众, (人民日报 1996)

(63) 全部问题在于, 作家要表现的这个"自我"与自己的时代和人民**有着**怎样的关系。我认为, 在生活和斗争中, (人啊, 人)

195

中国語の"V着"に関する研究

(64) 发展社会主义市场经济，需要思想政治工作把握方向。社会主义市场经济与资本主义市场经济**有着**本质的不同。(人民日报 1996)

(65) 因他们与上一类人物一样，并无一技之长，所以其中一部分也安置到了平板三轮运输工人的队伍之中。这两种人**有着**若干共同点。(钟鼓楼)

(66) 社会主义市场经济中的竞争与资本主义市场经济中的那种弱肉强食式的竞争**有着**本质的区别。(人民日报 1996)

8.4 量づけ

量づけとは、性質的な数量という連体修飾悟をもつ場合である。

(67) **有着** 20 多年警龄的朱金根说："我们把交警在道口的执勤称为路面管理，执警大队和车辆管理所就是源头管理。"(人民日报 1996)

(68) **有着** 65 年历史的飞利浦交响乐团不久前来京进行访问演出，记者在飞利浦公司为此而举行的新闻发布会。(人民日报 1996)

(69) 虽然是**有着**十多个笔名，且每个笔名都请人用蓝田玉石刻了印章，因作品发表得少，西京城里却知道他的人不多，…。(废都)

8.5 存在づけ

存在づけとは、ものの存在を表す場合である。存在づけは基本的に「具体的な場所＋'有着'＋具体的な存在物」という構造に制限されている。この場合、目的語が連体修飾語によって性質づけられる手続きが必ずしも必要とは限らない。この用法は周辺的なものであって、数例しかない。なお、以下の二例のほかに、例(46)(47)(48)もこの用法に入る。

(70) 余新江站住了。向对面一望，前面是座花园，**有着**树木、花台。(红岩)

(71) 这就清楚地说明了地窖是傍岩修建的，从对面和左面，都有可能

196

"有着"について

找到出路。可是对面**有着**铁门，那是敌客进出的隧道，剩下来的，
只有左面的石墙，是唯一可以尝试的方向。(红岩)

9. 有標と無標の異同

　本章は、存在づけ以外の場合、基本的に目的語が連体修飾語で飾られ
るのが義務的である、という現象から、"有着"が使われる場合の特徴を
探りながら、最終的には、"有着"が性質づけの場合に用いられるとい
うところに辿り着いた。しかし、"有"だけでも性質づけを表すことがで
きる。以下は、性質づけにおける両者の違いを探ってみたい。

(72) 我们各民主党派、工商联和无党派人士**有着**同中国共产党长期亲
　　　密合作、并肩战斗的优良传统。几十年来，在寻求中国独立、民
　　　主、富强，探索建设社会主义的道路上共同经受了风风雨雨的考
　　　验。(人民日报 1996)

(73) 阿根廷是一个严于法治的国家，人们的法制观念比较强，**有**崇尚
　　　法律和讲究文明礼貌的传统。不论是谁，只要有违法违纪行为，都
　　　可能被告发并受到法纪的惩治。阿根廷首都联邦法院 10 名法官受
　　　罚就是一个例子。(人民日报 1996)

　この二例はどれも性質づけを表しているが、文法的な意味と機能から
見れば、1つ(73)は、ひとまとまりのものとして報道的に述べている。そ
れに対して、もう1つ(72)は、持続的なものとして描写的に述べている。
もう少し詳しく説明すれば、例(72)には、"长期""几十年"のような単
語を使うことによって時間的な幅を持たせて描写的に述べている。そう
した理由によるものか、この場合は、"有着"の使用率が高くなる。逆
に、例(73)は、例(72)のような時間的な幅を感じさせる文脈もないし、描
写的にも述べていない。ある事実を伝えるように報道的に述べている。
この場合は、無標の"有"の使用率が高くなるのである。これについて

197

中国語の "V着" に関する研究

次の例でも証明できる。

(74) 共缴获淫秽录像带 1.07 万盘、淫秽书刊 2000 多本, 有淫秽内容的计算机软盘、光碟 1.2 万多盘, 赌资 400 万元及一批淫具、赌具, 依法取缔、查封、停业整顿了 302 家场所。(人民日报 1996)

(75) 立即对市内出售计算机的门市进行清查, 及时从 6 家商店查获黄色及有严重政治问题的电脑软盘 120 多片。7 月, 部分分局再次组织清查, 又查获内容淫秽和反动的电脑软盘 500 多片。(人民日报 1996)

　この二例はやはり性質づけの例であるが、具体的な現象的報道であるので(語感的には "着" があってもいいようであるが)、使用しないのが一般的である。

　こう見れば、性質づけにおける有標の "有着" と無標の "有" の使い分けは、基本的に使用される言語環境(文脈)に左右されると考えられる。

10. おわりに

　以上、"有着" について、主語、目的語、さらに目的語に飾る連体修飾語まで考察の範囲を拡大して、幾つかのレベルで考察した。それを纏めてみると以下のようである。

　本章は先行研究の見解を確認するという方法で論を進めた。この結果、"有着" は、"书面语" であることを再確認しながら、"有着" と "有" の違いは "语气缓和些" だけの問題ではないこと、"有着" が抽象名詞に限られるという結論はある程度現象的に "有着" を見ているだけであって、正確さにかけていることをまず明らかにした。この上で、主語と「'有着'＋目的語」の意味的な関係が性質づけであることをあきらかにし、この性質づけを、さらに「特性づけ」、「特徴づけ」、「関係づけ」、「量づけ」、「存在づけ」のように 5 分類した。また、性質づけという用法に

198

おける有標の"有着"と無標の"有"の使い分けは、基本的に使用される言語環境(描写調と報道調)に左右されると主張した。

注

1)筆者は、「アスペクトと動詞の種類」(1998, p45~64)で中国語動詞を動作動詞(开、吃)、変化動詞(結婚、変)、思考・心理活動動詞(想、希望)、属性動詞のように分類している。ここでは、この分類に従っている。

2)"着"は、今までの研究では、進行貌(王力 1943)、方事相(呂叔湘 1944)、进行体(高名凱 1948, 王松茂 1981, 俞敏 1983)、非完整体(戴耀晶 1997)のように位置づけられている。これに関する詳しいことは、筆者 1999 中国語の"V着"について(p207~226)を参照されたい。

3)中国語の"V着"について(王 1999p207~226)では"溥仪的双拳像雨点似地敲打着门。"の場合を動作の継続とし、"他额头上裂着红彤彤的口子。"の場合を結果の継続としている。

例文の出典

例文は、基本的に《中日对译语料库》(北京日本学研究中心編、試用版、1999)と人民日報(1996ＣＤ版)及び中国人作家が書いた小説から取ったもので、個々の例文の後ろにその出所が書いてある。なお、《中日对译语料库(試用版)》の例文についてはその作品の作品名だけが個々の例文の後ろに示してある。作者・訳者・出版年月日・出版社などの詳しいことは《中日对译语料库(試用版)》の目録を参照されたい。

参考文献

呂　叔湘　(1942)《中国文法要略》(商务印书馆 1982 再版)

王　力　　(1944)《中国现代语法》(中华书局出版)

胡　裕树ら(1995)《动词研究》(河南人民出版社)

陈　平　　(1988) 论现代汉语时间系统的三元结构(《中国语文》总 207)

中国語の"Ｖ着"に関する研究

龚 千炎　(1991) 谈现代汉语时制和时态表达方式(《中国语文》总223)

沈 家煊　(1995) "有界"与"无界"(《中国语文》总248)

郭 锐　(1993) 汉语动词的过程结构(《中国语文》总237)

杨 华　(1994) 试论心理状态动词及其宾语的类型《汉语学习3》

张 黎　(1997) "谓了Ｃ"和"谓Ｃ了"『中国语学244』

戴 耀晶　(1998) 论现代汉语的体范围(開篇)好文出版)

孙 朝奋　(1997) 再论助词"着"的用法及其来源(《中国语文》总257)

徐 丹　(1992) 汉语里的"在"与"着(著)"(《中国语文》总231)

陈 刚　(1980) 试论"着"的用法及其与英语进行式的比较《中国语文1》

陆 俭明　(1999) "着(zhe)"字补议(《中国语文》总272)

荒川清秀　(1985) "着"と動詞の類（『中国語306』)

劉月華ら　(1988)《实用现代汉语语法》(外语教学与研究出版社)

奥田靖雄　(1977)アスペクトの研究をめぐって ── 金田一的段階 ──（宮城教育
　大学『国語国文8』)

奥田靖雄　(1993) 動詞の終止形その(1)(2)(3)（『教育国語』2，9/12/13)

鈴木重幸　(1989) 現代の日本語動詞のテンス（『言語の研究』むぎ書房)

高橋太郎　(1985)『現代日本語動詞のアスペクトとテンス』(秀英出版)

高橋太郎　(1984) 名詞述語文における主語と述語との意味的な関係(『日本語学』
　12)

工藤真由美(1987) 現代日本語のアスペクトについて（『教育国語』91)

工藤真由美(1995)『アスペクト・テンス体系とテクスト』(ひつじ書房)

王 亜新　(1997) 中国語の「名詞謂語句」と「是字句」について（『語学教育研
　究論叢14』大東文化大学語学教育研究所)

刘 一之　(2001)《北京话中的"着(·zhe)"字新探》(北京大学出版社)

王 学群　(1998) アスペクトと動詞の分類（『語学教育研究論叢１５』大東文化
　大学語学教育研究所)

王 学群　(1999) 中国語の"Ｖ着"について（『現代中国語研究論集』中国書店)

王 学群　(2000) 中国語の"有着"について(『漢語教学研究3』在日華人漢語協会)

王 学群　(2002)"Ｖ着(zhe)"再考(『日本語と中国語のアスペクト』日中対照言語
　学会編、白帝社)

［付記］
　本章は、『(創立20周年記念)現代中国語文法研究論集』(大東文化大学語
学教育研究所編、2005)に掲載された論文(「"有着"再考」)をもとに加筆・
修正したものです。

第 11 章
存在文における "V 着と "V 了"

内容提要

　　本章认为 "V着" 和 "V了" 静态存在句所示意义 "相当" 的原因主要有三：1. "存在处所+V着/了+存在物" 这一特定句式；2. "V着" 和 "V了" 虽然各自有其不同的语法意义，但在特定句式里均与其后的存在物共现其动作或变化后的结果状态；3.动词的语义特征。除此以外，句子成分、语境等也对二者 "相当" 产生一定的影响。

キーワード：動作　変化　付着（とりつけ）　存在　文構造　複合条件

目次

1. はじめに
2. 先行研究の検討
　　2.1 范方莲(1963)
　　2.2 于根元(1983)
　　2.3 刘宁生(1985a・1985b)
　　2.4 李临定(1986)
　　2.5 宋玉柱(1988・1995)
　　2.6 聂文龙(1989)
　　2.7 胡裕树、范晓(1995)
　　2.8 储泽祥、刘精盛(1997)
　　2.9 朱继征(2000)

存在文における "V着" と "V了"

2.10 任鷹(2000)
3. 筆者のとらえ方
 3.1 動詞の意味特徴(カテゴリカルな意味)
 3.2 "互換" ができないと考えられる場合
  3.2.1 "V了" しか使えない場合
  3.2.2 "V着" しか使えない場合
 3.3 テクストでのあり方
4. おわりに

1. はじめに

　周知のように、"存在処所+V着/了+存在物" というパターンの中の "V着" と "V了" は、次例のように言い換えることができる。

 (1a) 桌子上放着一个本子。
 (1b) 桌子上放了一个本子。

　(1a)例の "放着" は、(1b) のように "放了" に言い換えても、(a)例と同様な意味として解釈できる。本章では、このような "V着" と "V了" の "互換問題" について、先行研究の成果を学びながら、検討してみる。
　聶(1989)と宋(1988・1995・1996)によると、"V着" 存在文は、静態存在文と動態存在文に分けることができる。次例(1)は静態の場合で、(2)は動態の場合である。

 (2) 门口站着一群人。
 (3) 屋子里飞着一只蜜蜂。(聶 1989, p95-97)

　また、宋(1995・1996)によると、"V了" の場合にも静態存在文と動態存在文に分けることができる。次例(3)は静態の場合で、(4)は動態の場合である[1]。

203

（4）桌子上放了两个杯子。

（5）门前挖了一道沟。(宋 1995, p200)

実際、"Ｖ了"と"Ｖ着"が"互换"可能な場合は静態存在文の場合だけである[2]。したがって、以下は、主に静態存在文を中心に考察を進める。

2. 先行研究の検討
2.1 范方莲(1963)
範方蓮(1963)では、存在文における"了"は"着"と等価であり言い換えができると考え、その原因を方言の影響に帰結させている。しかし、そう言いながら"南方作家笔下极多，北方作家笔下也不少见。"という見解を出している。任(2000)ではこれに対して次のように批判している。

> "无论是从存在句历时发展的角度来看，还是从存在句共时使用的角度来看，也无论是从"着"、"了"在存在句中的表现来看，还是从"着"、"了"的普遍用法来看，都很难为这一说法找到足够的根据。"

2.2 于根元(1983)
于(1983)では、動作の完了と状態の形成という角度から等価現象を見ている同時に、"修辞学"の角度からもなぜ両者が交換可能かを説明している。ただ、それだけで、交換可能の問題を説明できるのだろうか、という疑問もある。たとえば、動詞の類や文構造や文成分などとの関係からも説明する必要がないだろうか[3]。

2.3 刘宁生(1985a・1985b)
刘(1985a・1985b)では動詞の種類の影響、特定の場所との関連、

存在文における"V着"と"V了"

完了後のその場所への留存などによって両者の意味が中和されているが、両者の文法的な意味は決して同じではないと見ている。劉(1985a・1985b)の考え方に賛成するところが多いが、しかし、"V着"の"V"は状態動詞で、"V了"の"V"は動作動詞であるというように、ひとつの動詞を二つに分けて、"V着"と"V了"の交換可能な場合を説明するのには賛成できない[4]。

2.4 李临定(1986)

李(1986)では、'着'が使われるのが"基本句式"であり、既に実現した存在状態であるので、完了を表す'了'を使っていいという考え方を出し、"着"と"了"に注目してこれを解決しようとしている。前述したように、"着"と"了"の文法的な意味の特徴だけでは十分とは言えないだろう[5]。

2.5 宋玉柱(1988・1995)

前述したように、宋(1995・1996)では、存在文を動態と静態存在文に二分類し、両者の交換可能な場合を静態存在文に限定し、その理由を"'着'和'了'作用一致"に帰結させている。筆者はこの"着"と"了"の作用が同じであるという考え方には賛成できない[6]。

2.6 聂文龙(1989)

聂(1989)では、宋(1988・1995・1996)と同様に、両者の交換可能な場合が静態存在文に限ることを指摘している。これは李(1986)の説に近い。やはり"着"と"了"にだけ着目して説明しようとしている[7]。

2.7 胡裕樹、范晓(1995)

胡裕樹・範晓(1995)では、両者の観察の角度が異なり、差異が依然として存在し、交換後、"同様合格的句子"が得られるが、決して"具有同様语法内容的句子"ではないと見ている。この考え方に

205

中国語の"V着"に関する研究

賛成したいが、文構造や動詞の類などについてはまったく触れていない[8]。

2.8 储沢祥、刘精盛(1997)

储沢祥、刘精盛(1997)では、"着"と"了"が交換可能な場合にも違いがあり、この違いは"着"と"了"の文法的な意味の異同にあると考え、"'着'与'了'"表示事物存在的路径是不一样的"という結論を出している。やはり"着"と"了"にだけ着目して説明しようとしている[9]。

2.9 朱継征(2000)

朱(2000. p 90-100)では、存在文に用いられる動詞を「『－動作』『＋存在状態』」、「『＋動作』『－存在状態』」、「『＋様態』『－存在状態』」、「『＋動作』『＋存在状態』」の四種類にわけ、"着"と"了"の言い換えられる場合は「『＋動作』『＋存在状態』」という特徴のある動詞に限られると考えている[10]。

朱(2000)では、動詞の語彙的なレベルと構文的なレベルで存在文における"着"と"了"の"交換の問題"を考えているのが伺える[11]。しかし、交換可能な場合は、「『＋動作』『＋存在状態』」という特徴をもつ動詞だけという結論と、「＋存在状態」を動詞の意味特徴と見ていることには、疑問を感じる。

2.10 任鷹(2000)

任(2000)では、言語成分との共起から"着"と"了"が元々有しているアスペクト的な意味には何の変化もないこと、両者がいかなる文構造においても決して同じ意味を持たないこと、両者が区別しがたい原因は主に動詞と特定の文構造の幾つかの特性にあること、両者が等しい最も重要な理由は動詞の意味特性(V_1動態義とV_2静態義)にあることを主張している[12]。

206

存在文における "V着" と "V了"

　以上の先行研究から見れば、"V着" と "V了" に注目して考察する論もあり、動詞の類に注目して考察する論もある。具体的には、文献1・2・4・5・6・7・8では "V着" と "V了" に解答を求め、文献3・6・9・10では動詞の種類或いは意味特徴に解答を求めている。この中でも、文献10では、文構造まで考察し、文献9では、文構造のほかにコンテクストまで考察している。

　しかし、先行研究の、"挂" のような動詞を「V_1」(動作動詞)と「V_2」(状態動詞)に分ける考え方と、文献9のように交換可能な場合の動詞の語彙的な意味特徴を「動作」「+存在状態」とする考え方に対しては、やや疑問を感じる。動作の進行を表すか、結果状態の持続を表すか、実現を表すかなどは、語彙的な意味特徴と具体的な文構造又はコンテクストなどの複合条件によるものであって、決して「V_1」(動作動詞)と「V_2」(状態動詞)によるものではない。また、文献9の「+存在状態」という意味特徴は動詞の語彙的な意味特徴ではなく、「場所+V着/了+存在物」という構文の特徴に近いものと思われる。

3. 筆者のとらえ方
3.1 動詞の意味特徴(カテゴリカルな意味)
　今まで述べたように、この問題を解決するため、動詞の種類から研究を深めようとした先行研究も少なくない。本章でもまず動詞に内在する語彙的な意味特徴から着手したい。

　動詞に内在する語彙的な意味特徴から見れば、両者の "互換" 可能な場合の動詞には、以下のような特徴がある。

　　(6a) 墙上挂着一张画儿。
　　(6b) 墙上挂了一张画儿。
　　(7a) 黑板上写着一行字。
　　(7b) 黑板上写了一行字。
　　(8a) 椅子上坐着一个人。
　　(8b) 椅子上坐了一个人。

207

中国語の“Ｖ着”に関する研究

(9a) 身上穿着一件毛衣。
(9b) 身上穿了一件毛衣。
(10a) 手里拿着一本课本。
(10b) 手里拿了一本课本。

　例(6a)(6b)の“挂”には、あるものをある場所に付着させる(とり
つけ)という意味特徴がある。
　例(7a)(7b)の“写”という動詞は、生産動詞でもあるが、一定の
文構造に縛られると、あるところに何かを残留させることができる。こ
の意味では、付着させる(とりつけ)という意味特徴があると言えよ
う。
　例(8a)(8b) の“坐”は、主体の姿勢変化を表すと共に、主体がど
こかに座るという「付着」の意味特徴を持っている。
　例(9a)(9b) の“穿”は、主体の服装変化を表すだけでなく、その
服装を身体に接触させるので「付着」という意味特徴を持っている。
　例(10a)(10b) の“拿”は、主体＝人の携帯変化を表すと共に、手
に何かを携帯するという意味からやはり付着(接触)という意味特徴
があると言える。
　この点について、先行研究の例文からみても、いずれも「付着(と
りつけ)」という意味特徴が内在する動詞が使われている。主な動
詞は、“坐、躺、站、蹲、趴//穿、围、戴//放、挂、贴、铺、别、绣、
摆、摊、架、夹、停//写、刻、画、点//拿、提、端、背、带”などで
ある。勿論以上の(5ａ)から(9b)までの中の動詞は、それぞれ「//」に
区分されているように、決して一つの動詞グループに属すものでは
ない。
　こうしてみれば、静態存在文における動詞の語彙的な意味特徴は、
交換可能な場合に限って言えば、「付着(とりつけ)」であると考えら
れる。以下は、さらにいくつかの種類の動詞を見てみよう。
　単なる状態を表す動詞に“着”が付着するのは可能であるが、“了”
が付着して使われるのは可能であろうか。

208

存在文における"Ｖ着"と"Ｖ了"

(11a) 山顶上屹立着一座铜像。
(11b) ?山顶上屹立了一座铜像。
(12a) 这里蕴藏着丰富的石油资源。
(12b) ?这里蕴藏了丰富的石油资源。

　この場合の動詞には、「存在」という意味特徴が内在し、動作性
又は変化性が感じられない。それに対して、前述した動詞(5a～9b)
には、「付着」のほか、動作性又は変化性もある。また、例(11a～12b)
の類の動詞としては、"耸立、矗立、竖立、屹立、蕴藏、生存、杂
居"などがあげられる。
　この類の動詞について、朱2000では、"Ｖ了"が用いられないと
断定している。確かに一見して"Ｖ着"しか使われないように思わ
れるが、"Ｖ了"の例もある。　なぜ"Ｖ了"が使われるのかについ
ては、別の論文でそれだけを論じたいので、ここで触れないことに
する。ただ用例を一例だけ挙げておく。

　△　莱因河畔还竖立了一个高 40 米的旋转高空缆车，…。(北京
　　晚报 1999)

　この類の動詞に"了"が付着する例は相対的に少ないが、それは
「存在場所+Ｖ了+存在物」というパターンの場合、存在物が"Ｖ了"
による動作性や変化性の結果状態になりにくいからである [13]。
　次に挙げる例文の動詞には、「付着」という意味特徴がないが、
動作性又は変化性がある。

(13a) 门前挖了一条沟。
(13b) *门前挖着一条沟。(宋 1995)
(14a) 鞋底上磨了一个大窟窿。
(14b) *鞋底上磨着一个大窟窿。
(15a) 他的手上破了好几个口子。

209

中国語の“V着”に関する研究

(15b) *他的手上破着好几个口子。(朱 2000)

(16a) 他的头上碰了一个大包。

(16b) *他的头上碰着一个大包。(宋 1989)

(17a) 他的头上长了一个大包。

(17b) 他的头上长着一个大包。

例(13a·b)の“挖”は、生産性のある動作動詞で、“沟”は“挖”という動作による生産物である。「付着」性がないがモノの出現性があるので、動態存在文に属するものであろう[14]。

例(14a·b)の“磨”と例(15a·b)の“破”は変化動詞で、「付着」という意味特徴がなく、どれも変化的な出現性があり、やはり動態存在文と見るべきであろう。例(16a·b)の“碰”はやはり瞬間的な動作・変化的出現を表す動詞である。例(17a·b)の“长”は、“V 了”の形でモノの「出現」と理解できるが、また「付着」という意味特徴を持っている動詞でもある。

ところで、これらの例の場合でも“V着”の形が用いられる場合がある。やはり一例だけ挙げておこう。

△ 不知发生了什么事，见窗纸上破着一个大洞，屋里静悄悄的，…。（ネットによる）

幾つかの類の動詞について検討してみたが、静態存在文における“V着”と“V了”の使用においては、動詞の語彙的な意味特徴に制約される可能性が高いことが考えられる。なぜこういう意味特徴をもつ動詞の場合には、静態存在文における“V着”と“V了”が“交換可能”になり、“相当”のようにみえるのか、というと、それは、存在物が両者の動作や変化後の結果状態になるからである。決して“V着”と“V了”の等価(相当)によるものではない。

ところで、動詞の語彙的な意味特徴による制約という説明だけではまだ十分とは言えない。構文的な特徴(構文形態)まで見なければ

ならない。というのは、「ある場所＋Ｖ着/了＋存在物」という構文形態によって、"了"の独自の文法的な意味が狭められ、"Ｖ了"による結果状態は、存在物として認知できるようになるからである。

　このような場合にも、先行研究がすでに指摘したように、文成分による制約があり、"Ｖ着"と"Ｖ了"との交換が不可能な場合がある。

3.2 "互換"ができないと考えられる場合
3.2.1 "Ｖ了"しか使えない場合

(18a) 桌子上又放了一个本子。

(18b) *桌子上又放着一个本子。

(19a) 起床后惊喜地发现，地上已经铺了厚约20厘米的积雪。(北京晚报 1999)

(19b) ?起床后惊喜地发现，地上已经铺着厚约20厘米的积雪。

(20a) 我进来时，地板上已经放了两张床。

(20b) ?我进来时，地板上已经放着两张床。

(21a) 椅子上已坐了一个人。(任鹰 2000)

(21b) *椅子上已坐着一个人。(任鹰 2000)

(22a) 衣柜里刚刚挂了一排衣服。(任鹰 2000)

(22b) *衣柜里刚刚挂着一排衣服。(任鹰 2000)

(23a) 桌子上多/少摆了一盆花儿。(朱 2000)

(23b) *桌子上多/少摆着一盆花儿。(朱 2000)

　この場合、"Ｖ着"という形が用いられないのは、どの例も副詞での成分の添加によって"Ｖ了"の本来の文法的な意味が強化され、静態存在文から動態存在文へと変身しているからである。が、私の調査では、"已経"の場合、両方が言えそうである。たとえば、次の例である。

211

中国語の"V着"に関する研究

△ 主席台上已坐着十位评委，大会主席正在致词。(北京日报 1999)

3.2.2 "V着"しか使えない場合

(24a) 桌子上一直放着那个本子。
(24b) *桌子上一直放了那个本子。
(25a) 桌子上仍放着那个本子。
(25b) *桌子上仍放了那个本子。
(26a) 他的衣服上仍然带着那枚校徽。
(26b) *他的衣服上仍然带了那枚校徽。
(27a) 他家的凉台上总是放着那盆花。
(27b) *他家的凉台上总是放了那盆花。
(28a) 地上每天都堆着许多白菜。(朱 2000)
(28b) *地上每天都堆了许多白菜。(朱 2000)

これらの例では眼前(現在)の時間的視点(発話時点)から、以前に遡って(それより以前から)そして現在までという時間的視点の枠の中で持続的な状態の長さが強調されているので、"V了"の使用が不適切であると考えられる。

3.3 テクストでのあり方
"V着"と"V了"の交換可能な場合について、両者がどのぐらいの割合で使われているのかを量的に調べてみる価値もあろう。筆者は、まだ調べている最中で、具体的な数字を出すのを控えるが、"V着"は、李(1986)で述べているように"基本句式"であり、"V了"は作家の作品の中での"点缀"でしかないように思われる。

4. おわりに
静態存在文における"V着"と"V了"の等価現象について色ん

212

存在文における "V着" と "V了"

な観点からの考察があるが、筆者は、これを動詞に内在する語彙的な意味特徴、「存在場所+V着/了+存在物」というパターン、存在物が "V着/了" による結果状態である、などの複合条件で解釈したい。

また、以上の三点を満たしても交換不可能な場合もあるが、それは副詞などでの添加成分やコンテクストなどによるものである。

なお、"V了" 交換可能な静態存在文においては、"V了" の文法的な意味が狭められるものの、"V着" と "V了" は、決して等価ではない。

注

1) 存在文の分類については、宋(1982・1992)においてもすでに述べているが、本章では主に宋(1996)を参考にした。宋(1996p99)では、"动态存在句" を "进行体动态存在句"(天上飞着一只鸟)と "完成体动态存在句"(门前挖了一道沟)に二分類している。

2) 聶(1989)によれば、静態存在文の場合だけ "互换" が可能である。宋(1988・1995・1996)では、存在文を体系的に研究し、例(4)の "V了" を "V着" に言い換えることができないと見ている。

3) 于(1983)では、存在文におけるこの等価現象について、"有些动词造成状态的动作很快就完成了，而造成的状态可以持续很久，说动作完成了，也就意味着状态形成了。为了写法上不重复呆板，有时写'着'，有时写'了'" と説明している。

4) 刘(1985a)では、我们认为，"桌子上摆着一盆花" 和 "桌子上摆了一盆花" 两句话意义相同，并非因为 "着" 和 "了" 语法意义相同。只是由于句中动词的影响，使 "着" 和 "了" 所在的句子并不对立。也就是说，"着" 和 "了" 的差别在存在句中得到中和。(p16)と述べ、更に刘(1985b)では、「前掲のペアの文において、「了 le」を伴う動詞は「V_1」であり、「着 zhe」を伴う動詞は「V_2」である。"V_1了" は動作の完了であり、"V_2着" は状態の持続である。「V_1」は上位に「置く」という意味を有する動詞であり、意味構造上、常に特定の場所と関連し、動作完了後、モノを表す場

213

中国語の"V着"に関する研究

所に留存させるため、"V₁了"と"V₂着"の違いは、存在文の中では中和されるが、決して"着 zhe"と"了 le"の文法的な意味が同じであるというわけではない。」と述べている。（日本語訳は『中国語言語学情報 4　テンスとアスペクトⅢ』好文出版より。）

5)李(1986)では、両者の交換可能な問題について、"存在句型动词带'着'是基本句式。这是因为，存在句是表示事物持续的存在状态的，这样用'着'来体现最为合适。之所以也可以用'了'，是因为，存在句表示的是已经实现的存在状态，这样用上个表示完成的'了'，也未尝不可。"と述べている。

6)宋(1988)では、"我们发现，在动态存在句中，'着'字句和'了'字句不是等价的，因而'着'和'了'不能自由互换;静态存在句中'着'字句和'了'字句基本上是等价的，'着'和'了'可以互换。"(1988)と述べ、また、宋(1995)では、"静态存在句中'着'字句和'了'字句基本上是等价的，'着'和'了'作用一致，因此可以互换。"と述べている。

7)聂(1989)では、"静态句的'着'附着在表示状态的动词后面，表示动作完成后状态的持续，换成表示完成态的'了'，也未尝不可。"と述べている。

8)胡裕树、范晓(1995p99)では、次のように述べている。

我们认为，"着"和"了"的差异在上述句式中并没有消失，二者互换后都是合格的句子，并非是"意义相同"的句子。用"着"的句子表示一个非完整的强静态持续事件，其非完整性表现在"着"指出了对该事件的观察着眼于内部，事件可以分解，其较强的静态性表现在"着"用于位置义动词后在存在句式里不反映变化，其持续性表现在"着"指出了该事件正处于持续过程。用"了"的句子则表示一个完整的动态的现实事件，其完整性表现在"了"指出了对该事件的观察角度来自外部，事件不可分解，其动态性表现在"了"在存在句式中指出了"进入"(entering)某一静态的起始点变化，其现实性表现在"了"指出了相对某个参照时间而言，句子反映了一个已然事件。

そして、次の例をあげて両者の違いを説明しようとしている。

　　　a1 墙上挂着一幅画。　　　a2 墙上挂了一幅画。
　　　b1 墙上挂着的是一幅画。　b2 *墙上挂了的是一幅画。

c1 一幅画在墙上挂着。　　c2 *一幅画在墙上挂了。

さらに、次のように述べている。

左行的同义变换得到了合格的句子，右行作同样的变换得到的却是
不合格的句子。这种句法的对应格式得不到语义的对应解释说明，即使
在存在句里，"着"与"了"仍然保持着各自在语言系统中的语义特
征，互换说是不能成立的，因为互换后只能得到同样合格的句子，并不
能得到具有同样语法内容的句子。

9)储泽祥 刘精盛(1997)では、"表示存在，'Ｖ着'与'Ｖ了'还是有差别，
主要体现在'着'、'了'上，对于存在物来说，'着'表示'存在持续'，
'了'表示'存在开始'。因此，如果有时间词出现，二者对时间词的选择
并不完全一样。比较

(41a) 凳子上整天坐着一个人。

(41b) 凳子上已经坐了一个人。(番号.原文ママ)

(41a)里的'整天'与(41b)里的'已经'不能互换。对于Ｖ来说，'着'表
示动作持续，动作造成的状态也在持续，从而表示与动作相关的事物存在
的持续；"了"表示动作完成，动作造成的状态已经开始，从而表示存在的
开始。因此，'着'与'了'表示事物存在的路径是不一样的。"と述べて
いる。

10)その理由として、ひとつは「動作と状態という二つの側面を持っている
ため、動作の完了の実現を表す"了"とも、残存状態の持続を表す"着"
とも共起できるからであり」、もう一つは「それぞれ異なる文法的な意味
を内在する"着"と"了"の使い分けを制約する要因が示されていない
からである」と述べている。また、「実際は、他の文成分やコンテクスト
などの制限によって」、「『＋動作』『＋存在状態』」という特徴のある動詞
であっても、「"着"或いは"了"の一方としか共起できない場合もある」
とも述べている。そして、以下の例文では"着"と"了"が互いに言い
換えられないと考えている。

墙上仍挂着那幅画儿。(朱 2000 p 90)

桌子上总是摆着一盆花儿。(朱 2000 p 90)

地上每天都堆着许多白菜。(朱 2000 p 90)

中国語の"V着"に関する研究

　　　门口一直站着两名卫兵。(朱 2000 p 90)

　　　墙上刚挂了一幅画儿。(朱 2000 p 91)

　　　桌子上多摆了一盆花儿。(朱 2000 p 91)

　　　不知什么时候地上堆了许多白菜。(朱 2000 p 91)

　　　今天门口少站了两名卫兵。(朱 2000 p 91)

11)朱継征氏は、『富山大学人文学部紀要(1998)』・日本中国語学会第 49 回大会口頭発表(1999)・『新潟大学経済学部紀要(2000)』でもこの問題について考察しているが、本章では『中国語の動相』(2000)を参考にした。

12)任(2000)では、存在文における"V 着"と"V 了"の等価現象について、以下のような考え方を述べている。(日本語訳は『中国語言語学情報 4 テンスとアスペクトⅢ』好文出版より。)

(ⅰ)"了"は依然として"完成義"を備えているため、已然の意味を持つ言語成分と共起できる(已经，已，又，刚刚)。一方、"着"は依然として持続の意味を備えているため、持続を持つ言語成分と共起できる(始終，一直，仍然，总是)。そして、"还"の場合については、"了"と共起すると、"出乎意外""添加"などの意味を持つ可能性があるが、持続の意味を持つ可能性はない。"着"と共起すると、"出乎意外""添加"のほか、持続の意味を表す可能性がある。

　　　椅子上已经坐了一个人。(任鷹 2000p29)

　　　椅子上一直坐着一个人。(任鷹 2000p29)

　　　椅子上还坐了一个人。(任鷹 2000p30)

　　　椅子上还坐着一个人。(任鷹 2000p30)

(ⅱ)言語成分との共起状況から互いに言い換えられる場合でも"着"と"了"が元々有しているアスペクト的な意味には何の変化もない。

(ⅲ)总之，"着"和"了"在任何一个语言结构中都不可能具有"同一意义"，其用法有时"很难区别"的原因，主要就在与之同现的动词和特定的语言结构的某些特点。

(ⅳ)综上所述，静态存在句中"V 了"等于"V 着"的关键，就在于动词具备既有动态义，又有静态义，既能表示动作，又能表示动作完成后的状态这样的语义特点。

216

存在文における "V 着" と "V 了"

13)朱(1998・2000p84)では、この類の動詞に「－動作」「＋存在状態」という意味特徴があり、「終点も始点も捉えられない不変の線上的存在状態を表すものである(p86)」から、「動作の完了・様態の変化の実現を表す"了"とは共起できない」(p86)と指摘している。

14)宋(1995)では動態存在文として扱っている。

参考文献

范 方连　(1963) 存在句(《中国语文》5)

于 根元　(1983) 关于动词后面附 "着" 的使用(《语法研究和探索》1)

刘 宁生　(1985a) 动词的语义范畴: "动词" 与 "状态"（《汉语学习》1)

刘 宁生　(1985b) 论 "着" 及其相关的两个动态范畴(《语言研究》2)

李 临定　(1986) 《现代汉语句型》(商务印书馆)

宋 玉柱　(1988) 存在句中动词后边的 "着" 和 "了"（《语法论稿》1)

宋 玉柱　(1995) 论存在句的系列(《语法研究和探索》商务印书馆)

宋 玉柱　(1996) 论存在句的系列(『中国語研究』38 号、白帝社)

聂 文龙　(1989) 存在和存在句的分类(《中国语文》2)

马 庆株　(1992)《汉语动词和动词性结构》(北京語言文化大学出版社)

雷 涛　　(1993) 存在句研究纵横(《汉语学习》1)

雷 涛　　(1993) 存在句的范围、构成和分类(《中国语文》4)

胡 裕树、范晓(1995) 《动词研究》(河南出版社)

储 泽祥、刘精盛 等(1997) 汉语存在句的历史性考察(《古汉语研究》)

任 鹰　　(2000) 静态存在句中 "V 了" 等于 "V 着" 现象的分析(《世界汉语教学》总 51)

刘 一之　(2001) 《北京话中的 "着(·zhe)" 字新探》(北京大学出版社)

荒川清秀 (1985) "着" と動詞の類(『中国語 306』)p30-33

朱 継征　(2000) 『中国語の動相』(白帝社)

奥田靖雄 (1993)動詞の終止形その(1・2・3)(教育国語)2，9/12/13、むぎ書房)

工藤真由美(1995) 『アスペクト・テンス体系とテクスト』(ひつじ書房)

高橋弥守彦(2002) 二つの"了"について(『日本語と中国語のアスペクト』白帝社)

217

中国語の"Ｖ着"に関する研究

王 学群　(2001)　地の文における"Ｖ着(zhe)"のふるまいについて(『日中言
　　語対照研究論集3』日中言語対照研究会編、白帝社)
王 学群　(2002)　"Ｖ着"再考(『日本語と中国語のアスペクト』日中
　　対照言語学会編、白帝社)

［付記］
　本章は、『香坂順一先生追悼記念論文集』(香坂順一先生追悼記念論文集
編集委員会編、光生館、2005)に掲載された論文(「存在文における"Ｖ着と
"Ｖ了"について」)をもとに加筆・修正したものです。

第 12 章
"V 着(zhe)" 再考

内容提要

本章首先描述了"V着"这一形式的体义，接着又论述了将"着"分成"着₁""着₂"的利弊。在此基础上，本章考察了动词的语义特征、句子结构形式和语境等对其体义的影响。主要讲清了以下三个问题。

1."V着"的体义为"持续"。它分为两个基本义。即，动作的持续和结果的持续。

2.两个基本体义的形成与"着"没有直接关系。

3.两个基本义是受"着"所粘着的动词的语义特征、句子结构和语境等的制约而产生的。

キーワード：継続、カテゴリカルな意味、文構造、場面

目次
1. はじめに
2. "V着"の基本的な意味
  2.1 筆者のとらえ方
  2.2 諸家のとらえ方
3. "着"を"着₁"と"着₂"のようにわける必要があるのか

219

中国語の"V着"に関する研究

4.動詞の類との関係
　　4.1 平山久雄(1959)
　　4.2 荒川清秀(1985)
　　4.3 費春元(1992)
　　4.4 筆者のとらえ方(1998)
5. おわりに

1. はじめに
　周知のように、"V着"(アスペクトの意味)は、すでにかなり詳細に研究されていると言って過言ではない。本章は、今までの先行研究を土台に、"V着"のアスペクトの意味、"着"の処遇問題、"V着"と動詞の語彙的な意味の一般化としてのカテゴリカルな意味との関係、"V着"の構文上の特徴及び場面との関連性などについての幾つかの問題をめぐって再検討することを目的とする。

2. "V着"の基本的な意味
2.1 筆者のとらえ方
　既に第2章で述べたが、ここで、もう一度"V着"の基本的な意味についての筆者の考え方を述べておこう。"V了"を完成相(中国語では"完整体")とすれば、"V着"はその対立としての継続相(中国語では"非完整体")である[1]。時間軸上における両者の違いを実例と図によって示すと次のようになる。

　(1) 撂下正干的项目，抛开所有的琐事，钟锐在微机前坐了两天两夜。
　　　 (牵手)
　(2) 溥仪的双拳像雨点似地敲打着门。(末代皇帝)

220

（図１）

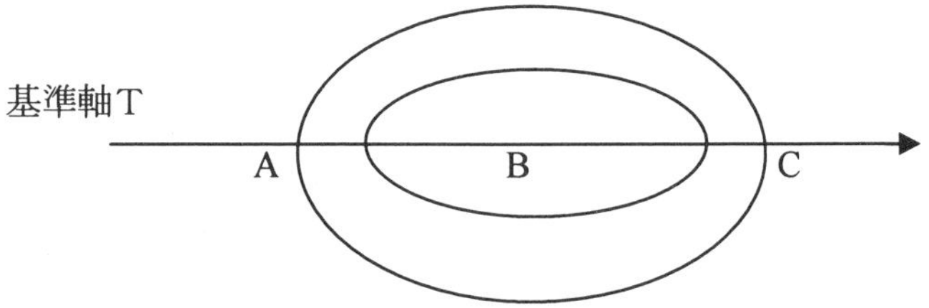

基準軸T

```
A        B        C
```

例(1)は完成相で、＜はじめＡ＞から＜なかＢ＞を経て＜おわりＣ＞に
至るまで分割しないでひとまとまりのものとして動作・変化をとらえて
いる。例(2)は継続相で、ひとまとまり性を捨てて中だけを観察して動作・
変化をとらえている。このように、観察者のとらえ方によって実現した
アスペクトの意味が異なってくるのである。さらに詳しく言えば、例(2)
は"敲打"の＜はじめ＞という局面も＜おわり＞という局面も問題にし
ない、動作の継続中の＜なかＢ＞だけをとらえる場合である。それゆえ、
"V着"のアスペクトの意味としては基本的に継続を表すということに
なる。筆者(1998)は、「中国語の"V着"について」という論文で動作動詞
と変化動詞を中心に"V着"のアスペクトの意味を考察したが、その意
味を「継続」と結論付け、さらにそれを「動作の継続」と「結果の継続」
のように下位分類した。また、筆者(2000a)「中国語の"V着(ZHE)"につ
いての一考察」という論文で思考・心理活動動詞を中心に考察し、"V着"
が使われる場合、基本的に思考活動や心理活動が継続中であることを表
すという結論を出した[2]。

(3) 他跟着往里走，听着他们的谈论，看着周围的一切，思考着就要
　　开始的新工作和新生活，心里非常激动。(金光大道)

(4) 小屋里亮着灯。老太太一个人在灯下愣怔地坐着。(司机王宝)

(5) 他不觉多看了她两眼，心里羡慕着哥哥。于是他回过头去…。（家）

221

例(3)の"听着/看着"は動作の継続で、"思考着"は思考活動の継続である。例(4)は結果の継続で、例(5)は心理活動の継続である。

2.2 諸家のとらえ方

"着"の文法的な意味については、陸俭明(1999p331-332)によると主に以下の説がある[3]。

1. 持续貌，或者说表示持续体，或者说表示持续状态，表示动作状态的持续。
2. (a) 动作正在进行;　　(b) 状态的持续;
　 (c) 用于存在句;　　　(d) 两个动作同时进行。
3. (a) 进行态(体);　　　(b) 持续态(绵延体)。
4. "着$_1$"表示动作进行;"着$_2$"表示状态持续。
5. 动作进行体(貌)。
6. 表示状态，是"状态化"的标志，而不是表示进行或持续。
7. 表示惯性(inertia)，这是"着"的核心意义。
8. 表示动作进行或状态持续，含有较强的描写性，同时表明是现在时。
9. 口语里表示状态，书面语里既表状态，又表进行。
10.表示情状，或者说描绘情状

さらに、陸俭明(1999)は、《着(ZHE)字补议》で"我倾向于把'着'的语法意义表述为:'行为动作或状态的持续'。'行为动作的持续'是动态的持续，'状态的持续'是一种静态的持续。"と述べている。

「2.1」節で述べたように、筆者は、主体・動作(動詞の類)・客体の三者関係に注目して"V着"のアスペクトの意味を基本的に「継続」を表すと結論し、その下位分類として動作の継続と結果の継続に二分類した。この考え方は陸俭明(1999)に近いものである。筆者の動作の継続は"行为

動作的持続"に相当し、結果の継続は"状態的持続"に相当する。ただし、筆者は、"着"が形態的なカテゴリーであって、動作の継続と結果の継続という二つの下位分類上の意味用法が"着"によるものだと見なしていない。つまり、"着"は、(動詞の)運動内部の時間構造を指し出す形態論的な文法形式と捉えている。また、筆者が「継続」という用語を使っているのは、"着"は次の例文にあるように、動作が中断することなく連続的に行われるほか、断続的に行われる場合もあり得るからである[4]。

(6) 陈小丽自豪地坐下，小不点儿羡慕地看着她。（小不点儿）

(7) 老太太一个人在灯下愣怔地坐着。（司机王宝 ）

(8) 他用右手的食指有规律地敲着红木八仙桌，发出清脆的音响。(上海的早晨)

(9) 李顺和那两列护军相互打着对方的嘴。（末代皇帝）

(10)小溥仪向刘佳氏："谢太太赏！"然后跑到二嬷那里，一边吃着萨其玛，一边做着鬼脸。（末代皇帝）

例(6)の"看着"は実線的な動作の継続で、持続と見ていい。例(7)の"坐着"は姿勢変化後の持続的な状態である。例(8)の"敲着"は繰り返される動作のタシザンであって「……」という点線の集合である[5]。例(9)の"打着"は点線的な運動であろう。例(10)は、二つの動作が交替で行われる可能性が十分あるであろう。

3. "着"を"着₁"と"着₂"のようにわける必要があるのか

周知のように、動詞の後ろに後置する"着"を"着₁"と"着₂"のように分けるのは、木村(1981・1983)の論文によるところが大きい。氏は、この二つの論文で構文的な特徴によって"着"を純粋のアスペクト辞"着ₚ"と、結果補語とアスペクト辞の間の中間的な成分の"着ｄ"に分け、それぞれ別個の文法範疇に属すると考えている。そして、前掲論文(1981)の

中国語の"V着"に関する研究

「2.1. "着ｄ"の意味機能における補語性」という節で「"V着ｄ"から構成される他動構造についても、それが"动作产生的状态"を表わすというのではなく、ＶｔＲ[6]と同様に、常に『動作の結果としての受け手の具体的な状態』を表わすものである」と述べ、「それは『受け手優位』の原理にほかならない」と結論づけている。しかし、この節で基本的に、"放着、看着/带着、摘着/穿着、脱着/贴着、揭着/搭着、拆着/留着、刮着/系着、解着"のような動詞の語彙的な違いを述べているだけで、そこからは"着"を"着ｐ"と"着ｄ"に分ける根拠がはっきり見えてこない。

さらに前掲論文(1981)の「2.2. "着ｄ"のシンタクスにおける補語性」という節において"着"を"着ｐ"と"着ｄ"に分ける論拠として次のような構文的な特徴の違いを四点あげている。

(ア) "着ｄ"は結果補語と同じように否定詞"没(有)"と共起可能であるが"着ｐ"は不可能である。例として"桌子上没摆着ｄ碟子。""*外头没下着ｐ雨。"をあげている。

確かに "桌子上没摆着碟子。"というような"着"を用いる場合が用例から見れば圧倒的に多いことは事実である。ただそれは"着ｄ"と"着ｐ"の違いによるものではなく、動詞の性格に起因するものである。一定の付加成分(文構造)に縛られると"着"を用いなくても表現可能な場合がある。また、(ア)では"*外头没下着雨。"を非文としているが、私の語感では成立可能である。もし"当时并没下着雨。"というようになればすわりが一層よくなる。また、筆者の手元に実例もある。

(11) 大家敢怒而不敢言的在那里立着，<u>心中并没有给刘四爷念着吉祥话儿</u>。虎妞扯了祥子一下，祥子跟她走出来。(骆驼祥子)

(12) 听过铁杆汉奸刘魁胜和南关车站副段长为个妓女争风吃醋、打架殴斗的故事，人们并不觉得奇怪，也就左耳听，右耳冒，<u>谁也没朝肚子里搁着</u>。(敌后武工队)

例(11)では「心の中では劉四爺のためにお祈りしていない」という意味で、"没V着"で継続中の動作を打ち消している。例(12)では「だれもそれを腹に(ひとつひとつ)入れていない」という意味で、やはり例(11)と同様な解釈になろう。

(イ) "着ₚ"は一般に連体修飾節内では生起しにくいが、"着ᵈ"は連体修飾節内に生起することができる。例として"他向桌子上摆着ᵈ的碟碗看了一眼。""*他看着ₚ的书是水浒。"をあげている。

この結論も正確さにかけている。筆者の調査によれば、どちらもよく使われているが、"他向桌子上摆着ᵈ的碟碗看了一眼。"の場合のほうが用例から見ればやや優勢のようである。では、幾つかの実例を上げよう。

(13) 这个匆忙走着的青年，便是余新江。(红岩)

(14) 常少乐打开车门，看到的就是赵中荣那张微笑着的脸，走出来看…。(突出重围)

(15) 病人们在午睡，到处都静静的，丁丁也睡着了。晓雪放下给他念着的一本童话书，站起身从床下拿出放着丁丁脏衣服的盆子，向水房走去。(牵手)

(ウ) "着ₚ"は副詞"已经"と共起できないが、"着ᵈ"は可能である。例として"我起来的时候，他已经穿着ᵈ大衣。""*我起来的时候，他已经看着ₚ报纸。"をあげている。

ここでは、"*我起来的时候，他已经看着ₚ报纸。"を非文としているが、これは"着ₚ"の原因ではない。"已经"の問題である。もし"我起来的时候，他已经看着报纸了。"に直せばすわりがよくなると思う。つまり、非文の原因は"着"と共起するかどうかによるものではなく、"已经"と共起する"了"がないからである。この場合、"V着"は"已经"と"了"の共起構造の中にある出来事の一部分にしかなっていない。実例がこれを証明している。

中国語の"V着"に関する研究

(16) 狼的盛宴就像风卷残云一般，使我大开眼界。当我还在惊愕的时候，<u>它们已经在甜着自己的前爪了</u>，剩下来的只是一些…。(白桦文选)

(17) 最让人震惊的是有好几个人的妻子<u>已经公开喊叫着要离婚了</u>，理由竟然是她们的丈夫头上没有头发。(白桦文选)

(18) 到处是行色匆匆的人们，正是下班回家的钟点。有吃饭早的，<u>已经搬着小凳，摇着扇子，坐在马路边上乘凉了</u>。(牵手)

(19) 李四爷是惯于早起的人，<u>已经在门口等着他们</u>。(四世同堂)

　例(16)(17)(18)の"已经"はいずれも"了"と共起している。例(19)は"等着"による特殊な場合であるが、やはり"已经"は"V着"と直接的に関係せず、出来事全体(＝在门口等着他们)と関係しているのである。
　(エ)　"着ₚ"は副詞"在"と共起可能であるが、"着ᵈ"は不可能である。例として"*他在留着ᵈ胡子。""他在刮着ₚ胡子。"をあげている。
　しかし、この説が正しいとすれば、次の例に対してどう説明すればいいだろうか。

(20) 老人仍在坐着，神态安祥，享受着只有森林才能给予他们的幸福。
(中国五十年儿童文学名家作品选)

　この四点(ア～エ)でなぜ"着"を"着ₚ"と"着ᵈ"にわけるのかを証明しようとしているが、あまりにも例外が多くて、ア～エの四点の適切さに疑問が感じられ、"着"を"着ₚ"と"着ᵈ"に分ける根拠としてはあまり効果的ではない。立証に使われる四点において適切さにかけているのであれば、その理論も自然に崩れるであろう。また木村(1981)では「では、この『付着』又は『留存』という意味は何によって示されるのか。文法的レベルで示されるのか、語彙的レベルで示されるのか。それは"着ᵈ"

という語の語彙的な意味によって示されるとは考えられないだろうか」(26頁)とも述べている。この論述から「付着」という意味を"着ₐ"の語彙的な意味に帰していることが伺える。しかしそれはどうであろうか。そうすると、動作の進行の場合は"着ₚ"の何によると言えるのだろうか。恐らく木村の説が成立するとは言えないだろう[7]。

さらに木村(1986)では「"着ₐ"は"把"構文に用いることができない(たとえば"*他把书看着。"は成立しない)が、"着ₚ"は"把饭给你留着呢。(あなたにご飯を取ってあるよ)"のように"把"構文に用いることもできる」[8]と述べ、いわゆる二つの"着"を分けるもう一つの理由として、この二つの例を追加している。しかし、村松(1988)は"*今天他把红毛衣穿着。/*今天他把眼镜戴着。/他把鸡蛋饭在锅里炒着呢。"のような例をあげて「"把"構文の成立、不成立を決定する要因が"着ₚ"であるか"着ₐ"であるかとするのはあやしくなってくる」と反論している。筆者(2000c)「"把…V着"の構造について」という論文でこの問題を明らかにしているが、"把…V着"という構造の文の成立、不成立は、木村氏の言っている"着ₚ"と"着ₐ"の違いによるものではなく、"把…着"という構造によるものである。つまり、氏の言っている"着ₚ"であろうと"着ₐ"であろうと、どちらも成句作用が弱いのである。言い換えれば、どちらも一定の文構造(付加成分)があれば成立が可能になるのである。次の例(21)〜(24)がそのことを証明している。これらの"着"は全部動作の継続を表す場合であるが、成句する。

(21) 他不说话，把我桌上摆的照片拿来玩弄着，这照片是我侄子的一个刚满一岁的女儿的。（５４短篇小说选）

(22) "…，你让我留下就留下吧。"又把包里的东西朝外掏着，"你…？"（突出重围）

(23) 他便把他画的那张图一张一张翻着解释给灵芝看。(三里弯)

(24) 小红已经走得很远了，但大娘还是站在那里一动也不动，把手不

中国語の“V着”に関する研究

    停地挥动着。

　郭锐(1997)は木村(1983)の考え方を支持している。そして“时状”から
見れば、二つの“着”は異なり、“着₁”のある述語成分は“过程标记”
であり、“着₂”はそれとは違う。この点を異なる三つの面から説明しよ
うとしている[9]。
　（ア）“着₂”は“不/别/甭”の否定を受けることができる。また、“着₂”
は否定詞“没(有)”と“共現”が可能で、“着₁”はできない。

    (25) a.(我)站着!　　　　a'(我)不站着/(你)别站着。
         b.拿着!　　　　　 b' 别/甭拿着。(郭 1997)
    (26) a.他没坐着。　 ←　a' 他坐着₂呢/他坐着₂。
         b.他没吃饭。　 ←　 b' 他吃着₁饭呢。(郭 1997)

　（イ）“着₂”のある述語成分が成句する時、一般に“祈使、意愿”
の意味を表し、非“过程标记”の特徴がある。
　（ウ）“着₂”のある述語成分は“想、建议、同意、反对、要”などの
動詞の目的語になることができる。

    (27) 他想／建议／反对站着。(郭 1997)

　ここで、郭锐(1997)が挙げる上記三点について検討してみよう。
　（ア）の説は正確とは言えない。筆者(1999)によると、“着₁”も“别”な
どの否定をうけることができる。また、否定詞“没(有)”とも“共現”
できる場合がある。結局、“别”などの否定をうけることができるかどう
か、否定詞と“共現”できるかどうか、という問題は、動詞の性格に関
わることで、決して“着₁”“着₂”で片付けることのできる問題ではな
い。たとえば、例(28)の“想”は心理活動動詞で、例(29)の“看”と例(30)

228

の"盯"は視覚動作動詞で、いずれも動きの少ないものである。従って、動作動詞であっても"別"と"着₁"の共起が可能な場合も少なくない。

(28) 军士长鼻子哼哼，"**别想着**他能记得你，这种鸟人，我见多了，河一过就拆桥。"(突出重围)

(29) 令尊大人摔了一跤，已经促使二院同意接受你了。**别这样看着**我。(突出重围)

(30) 你瞧，瞧呵，**别只盯着**电视，反正你也看不完。(上海的早晨)

(イ)によると、"着₂"のある述語成分が成句する時、一般に"祈使、意愿"の意味を表すとしているが、この説も正確とは言えない。たとえば、次の例はどの例も"祈使、意愿"に入らない。

(31) a.他当时是站着，还是坐着？　　b. **站着**。/**坐着**。

(32) a.小张当时是不是躺着？　　　　b. 对，**躺着**。

(33) a.当时墙上挂着画儿吗？　　　　b. **挂着**。

(34) "我有一套房子，在大坪九坑子，两室一厅，空着。可以暂时借你住。"（一路狂奔）

(ウ)の言い方も正確さにかけている。たとえば、次の例(35)(36)(37)では"着₂"のある述語成分がそれぞれ"想/建议/同意"の目的語になっている。

(35) 我想先吃着。

(36) 他建议先干着。

(37) 领导同意先讨论着。

仮に上述した郭悦(1997)の三つの理由が成立するとしても、必ずしも"着₁"と"着₂"を分けなければならない理由にならない。もしそうい

229

う三つの面で一定の傾向的な特徴があれば、それは文の構造や動詞の種類に関わるものに過ぎない。

4. 動詞の類との関係

4.1 平山久雄(1959)

氏は「北京語の『着』とその接尾する動詞について」という論文で"着"が接尾するところの動詞をA類・B類・C類に分けている。A類は「その動詞の表わす動作の継続進行だけが示されるもの」で、B類は「その動詞の表わす動作の結果として生ずる状態だけが示されるもの」で、C類は「動作の継続進行、状態の持続のどちらも示されるもの」である。またこの論文では、A類の動詞として"谈、刮、脱、解、洗"、B類の動詞として"留、落、长、裂、破"、C類の動詞として"贴、挂、穿、系、切、摆、涂、下"をそれぞれ挙げている。さらに氏は、「『着』の意味素を「持続」と考えるならば、『A類の動詞＋着』の意味素は、『動作の持続』即ち『動作の継続進行』を指すことになり、現実的にはそれによって表現されることがらも『動作の継続進行』の外ではありえない。『BC類の動詞＋着』の意味素は、『ある状態を生ぜしめるはたらきの持続』となる。そのような『はたらきの持続』は、現実的には二つの姿をとることができる」という結論を出している。

4.2 荒川清秀(1985)

氏は「"着"と動詞の類」で"着"のつく動詞に着目して"着"と動詞との結合度から"着"を考察している。この論文では、結合度によって動詞を下記のように5分類している。そして、"着"の本質的な機能は「持続」そのものであり、"着"と自然に結び付くのは動きの静かな、ある一定の状態を保つような動詞であると結論している。

a. 站、坐、躺、蹲、趴／挂$_2$、摆$_2$、开$_2$、放$_2$
b. 穿$_2$、拿$_2$、戴$_2$、提$_2$、端$_2$、背$_2$、带$_2$ "着$_1$"

c．歇、待、跟、守、活

d．等、听、看(kān)、盯、睡(觉)、躲、陪、养(病)、(想)

e．干、穿、挂

4.3 費春元(1992)

氏は論文「说"着"」で木村英樹(1983)の"着"のつく動詞が「V₁[—付着]」と「V₂[＋付着]」との二種類であるという観点を修正して、動詞を動態動詞（跳、走、看、穿₁、放₁、带₁）と静態動詞（穿₂、带₂、放₂）のように二分類した。この分類は、荒川(1985)に近いものである．

平山(1957)は動詞の類に注目して"着"の研究を深めている。荒川(1985)は動詞と"着"の結合度から"着"と動詞の関係を明らかにしようとしている。さらに費春元(1992)は形に拘らないで同じ形態の動詞を二つに分けている。3氏とも"着"に対する動詞の影響を認めている。だが、これらの論文では"着"がなぜ動詞に関わっているのかについて分析しているものの、まだ不明瞭な点が少なからずある。

4.4 筆者のとらえ方(1998)

筆者(1998)は、主体・運動・客体の三者関係に焦点を当て動詞を分類し、動作動詞と変化動詞を中心に、"V着"について考察した。この考察では、"穿₁""穿₂"のように動詞を分類せず、動詞のカテゴリカルな意味や文の構造的な特徴などに注目して用例を分析した。動作動詞・変化動詞については以下のように分類した。

ⅰ．動作動詞

(a) "开、关、切、摔／安、放、挂、吊／剪、摘、剥、采／搬、移、卸、抛／买、借、领、献"(主体の動作を表すだけではなく客体にも働きかけて変化を与えるグループ)

(b) "摇、转动、搅拌、滚／摸、触、弹、抱／吃、喝、抽、饮／调查、测量、研究、找／说、看、骂、笑、听、唱／走、跑、爬／锻炼、玩、跳、

游泳、演奏／下（雨）、降（雪）、刮（风）、打（雷）"(主に主体の動作を
表す動詞グループ)

　ii．変化動詞

　(a)"穿、戴、披、系/坐、靠、站、躺/去、来、回、上班/结婚、住院、
死、毕业、及格/病、怀孕、瞎、晕、醉"(主体が人間である場合)

　(b)"弯、歪、缩、长、伸、斜、倒、碎、破、断、塌、崩、倒闭、沉、
发生、变、停、散、减少、开、关、掉、落、谢、丢"(主体がものである
場合)

　前述したように、この論文では動作動詞は基本的に動作の継続を表し、
変化動詞は基本的に結果の継続を表すという結論を出した。しかし、変化
動詞に属する主体が人間である場合の大部分は、二側面動詞である。即
ち変化動詞でもあり動作動詞でもある。また、動作動詞の中の一部分"触、
摸、拿/安、放、挂/写、画"などの動詞には「接触/とりつけ/付着」などのカ
テゴリカルな意味があるので、動作の継続を表すこともできるし結果の
継続を表すこともできる。具体的に述べると、次のような場合である。
　"安"グループは、動作の継続も結果の継続も可能である。

(38) 有一个造反派的头头，在光天化日之下，腰里插着手枪，肩上挂
　　　着红宝书，由生产队长陪同，到李顺大家来了。(李顺大造屋)

(39) 南窗下的长条几上，陈设着帽筒、花瓶之类的东西。中间一张八
　　　仙桌上摆着书籍、文具。(末代皇帝)

(40) "老爷子！皇后正等着伺候老爷呢！"小翠一边说着，一边在床
　　　上铺着龙被："刚才皇后还念叨呢。…"　(末代皇帝)

(41) 工人们认真地安装着电话，李科长不停地问着。

　例(38)は、それぞれ「～に～がさしてある」「～に～がかけてある」、例
(39)はそれぞれ「～に～が並べてある」「～に～が置かれてある」という

意味で、動作の結果の継続を表しており、例(40)(41)は、それぞれ「～を
しながら～をかけている」「一生懸命に電話を取り付けている」という意
味で、動作の継続を表している。

　しかし、"安"という動詞グループの場合は、何故二つのアスペクトの
意味が実現されているのかというと、それはどこかの位置に客体を取り
付けるという＜取り付ける＞の意味がこれらの動詞の中にカテゴリカル
な意味として内在しているからである。したがって、一定の文構造に縛
られると"Ｖ着"によって＜取り付けられている＞という意味が全面的
に言い表されるようになる。具体的に言えば、「場所名詞＋"Ｖ着"＋も
の名詞」が典型的な例である。この場合、話し手または書き手は動作が
行われたかどうかについては無関心である。関心が向けられているのは
目に映るその場面における具体的な事実である。ある意味ではアスペク
トの手続きという助けによって存在の意味を実現させていると言っても
過言ではない。つまり"Ｖ着"で"有"、"在"と同じように存在の意味
を実現しているのである。ただ"有"、"在"文の場合に比べれば、「存在
の様態＜仕方＞」がより一層明確化している。なお、用例の自然分布か
ら見れば、"安"という動詞グループは、動作の継続に使われる用例が
少なく、主に結果の継続に使われている。

　また、"摸"グループは、客体に接触するものである。"Ｖ着"の形態
で動作の継続を主に表すが、"搂、攥、抓、咬、含、推、压"のような動
きの少ない動詞になると、結果の継続を表す用法に近づいていく場合が
少なくない。

(42) 李顺和那两列护军相互打着对方的嘴。（末代皇帝）

(43) 妈妈走了。爸爸回过头来用手刮着小不点儿的鼻子："都是
　　 你！"（小不点儿）

(44) 溥仪起身，懒洋洋地走到百宝格前，毫无目的地摆弄着架上的娃
　　 娃、泥人等玩具。（末代皇帝）

中国語の"V着"に関する研究

(45) 爸爸惊喜地望着儿子。妈妈蹲下来搂着儿子拼命吻。爸爸紧紧地
抱着他们俩。(小不点儿)

(46) 小姑娘没吱声，用牙咬着筷子。(卖瓜不说瓜甜)

例(42)(43)(44)は、動作の継続であり、例(45)(46)は、それぞれ「抱く」
「噛む」という動作が実行されてからの「抱いている」「噛んでいる」と
いう静止状態を表しているので、結果の継続を表す用法に近づいている。
何かに接触してそのままでいるというカテゴリカルな意味を有している
動詞の場合は、基本的に例(45)(46)のようになる傾向がある。

さらに、"说"グループは、言語・視覚・聴覚などを表す場合であるが、
「付着させる」というカテゴリカルな意味が内在する"写、画"のような
動詞の場合は、動作の継続も結果の継続も可能である。

(47) 婉容在床上忽地坐起，用充满恐惧的目光望着溥仪。(末代皇帝)

(48) 小不点儿不服气地嘟哝着，但又没办法反驳妈妈。(小不点儿)

(49) 溥仪漫不经心地翻了翻那叠公文，掏出钢笔，在公文上签着
"可"字。一件件签着"可"字的公文散落在地。(末代皇帝)

例(47)(48)と例(49)の前の下線は、動作の継続であり、例(49)の後の下
線は、結果の継続の場合である。

次は、変化動詞に属する二側面動詞について見てみよう。

まず、"穿"グループについて述べておこう。"穿"グループは、主体
（＝人間）の服装変化を表す場合である。勿論これらの動詞は、二側面
動詞なので動作動詞でもある。しかし、継続相（非完整体）では、動作
の継続より結果の継続を表す場合のほうがよく使われている。したがっ
て、服装変化だけが全面に表れる場合のほうが多い。

(50) 溥杰："我以为你一定象戏台上的皇帝那样，戴着满脑袋的珠子，

留着老长老长的胡子…。" （末代皇帝）

(51) 荒昧带着妹妹去看，只见他穿着过大的军装，**戴着**红花，沿着三
亩塘边上的小路，去当兵了。（被爱情遗忘的角落）

(52) 姨太太一边给张勋**穿着**军服一边说："大帅，咱们这次进京，还回
来不？"（末代皇帝）

(53) 婉容给李顺**系着**上衣的扣子："赶明儿，我跟皇上说说，让你当
他的侍从武官好吗？"（末代皇帝）

　例(50)(51)は、結果の継続を表しているが、例(52)(53)は、一定の文構
造、文脈に縛られて動作の継続を表す用法になっている。しかし、"脱"
という動詞の場合は、服装変化を表すグループに入っているが、身体に
取り付けるという一般化されたカテゴリカルな意味がないので変化・動
作という二側面が常にセットで表される。

(54) 桂玲帮高军谊**脱着**军装，"说是还得去？要多长时间？"(突出重
围)

　また、"坐"グループは、主体即ち人間の姿勢変化を表す場合である。
これらの動詞は"穿"グループと同じように動作・変化という二側面を持
つ動詞グループである。しかし、これらの動詞には、「付着」というカテ
ゴリカルな意味が共有されている。さらに"坐"グループは、瞬間的で、
"V着"という形態の場合、動作ではなく変化結果の継続を常に表して
いる。

(55) 一辆长途客车从站内开出，靠窗**坐着**吴畏和畏好。（杨老师）

(56) 将军对着小兵跑去的方向，以标准的立正姿势**挺立着**，胸脯强烈
起伏。（小镇上的将军）

中国語の"V着"に関する研究

　確かに"正要坐""正要往下坐""正往下坐""正往椅子上坐呢"のような言い方はあるが、これは、"坐"という動作が継続中という意味で使用されているのではなく、まだその動作に接近している段階にあることを意味している。一旦"坐着""站着"というようになると、"坐""站"という人間の姿勢変化の結果の継続を表すようになり、決して動作の継続を表さない。また、この場合の"坐"類を状態動詞と見る学者がいる。しかし、状態動詞と見る理由は充分に述べられてはいない。筆者は前述したように変化動詞と見なし、例(55)(56)などの場合を変化した結果の継続として解釈する。このように解釈するほうが実際の状況に合っている。

　ところで、次の場合は、動作動詞だけの用法になるが、"了"が使われる場合である。例(57)の"坐了"は完成相で、動作の実現・完成に使われている。

(57) 她在会议室坐了一个小时。

　また、"去"グループは、瞬間的で、且つ離れる局面か、又は到着局面を表す二側面動詞なので、"V着"という表現で動作の継続・結果の継続を表せない。それに対して、日本語の場合は、「彼はすでにアメリカに行っている。」のような言い方がある。中国語に訳すと"*他已经去着美国。"という形にはならず、"他已经去美国了。"という表現になる。

　さらに、"結婚"グループは、"结婚"のような動作・変化という二側面を持つものもあるしそうでないものもある。ただ動作・変化という二側面を持つ動詞であっても今まで述べてきた二側面動詞とやや違って変化の側面を主にとらえるのが一般的である。そして、"V着"はそんなに多く使われないが、"赢着/输着/住着院/离着婚"のような用例もある。

　なお、"病"グループと主体がものである場合は、すべての動詞が"V着"を作れるとは限らない。形態的には考えられても実際にはあまり使用されていない。ただし、"V着"という形で使用される場合、変化した

結果としての意味しか表せない。

> (58) "嘻嘻嘻, …我不说。" 小豹子红着脸, 独自笑个不停。(被爱情遗忘的角落)
> (59) 寒眉认真起来: "这怎么行…食堂门还开着, 快把菜票给我, 我给你打菜去" (老朋友的女友)

　主体がものである場合であっても、一定の文構造(付加成分)・場面(文脈)に縛られれば、動態と理解できる場合もある。この場合、動的な連続的変化を表す。

> (60) 树上的叶子随风不停地飘落着。

5. おわりに

　先行研究では、"V着"のアスペクトの意味について"着"を二つに分けて考察するか、又は"着"と動詞の類との関係から考察するかというように、一つの側面から解決しようとする傾向があった。しかし、上述したように、一方だけでは"V着"が実現するアスペクトの意味を解決できないのも事実である。筆者は、動詞の類によって"V着"の意味用法を動作の継続(動作動詞)、結果の継続(変化動詞)のように下位分類したが、説明しきれない場合も少なくない。したがって、本章は、"V着"について幾つかのレベルからの解釈を試みた。一つは動詞の語彙的な意味の一般化としてのカテゴリカルな意味からの解釈であり、一つは文構造に注目する解釈であり、もう一つは一定のコンテクストに依存する側面である。特に動詞に内在するカテゴリカルな意味、文構造からの解釈がより有効である。

　たとえば、"安"類の動詞には、どこかの位置に客体を取り付けるという「取り付ける」の意味がカテゴリカルな意味として内在している。し

中国語の"Ｖ着"に関する研究

たがって、一定の文構造に縛られると動作の継続と結果の継続という二つの意味を実現することができる。「場所名詞＋"Ｖ着"＋もの名詞」という文構造に縛られると"Ｖ着"によって＜取り付けられている＞という意味が全面的に言い表されるようになり、動作の結果を実現する。また次の例のように、"一边…，一边…"という文構造の中では動作の継続を実現する。

(61) "老爷子!皇后正等着伺候老爷呢!"小翠<u>一边说着，一边在床上铺着</u>龙被:"刚才皇后还念叨呢，…。(末代皇帝)

こうして、この二つの意味は、ただ動詞の語彙的な意味またはその一般化としてのカテゴリカルな意味だけによるものではなく、文構造及び場面（文脈）にも深く関わっている。つまり、動詞の語彙的な意味、特にその一般化としてのカテゴリカルな意味を第一の要因(例 42)に考えれば、文構造・場面(文脈)というような要素を第二の要因(例 52)に考えることができるのである。そして、要因「第一＋第二」という総合的な条件(例49)による場合もある。

注

1)奥田(1984)『ことばの研究・序説』p105-143、胡裕樹ら(1995)《动词研究》p41-110、戴耀晶(1997)《现代汉语时体系统研究》p33-93 参照。

2)この論文では主に次の動詞を取り上げている。

考虑、思考、想、回忆、思虑、猜、猜测、猜想、沉思、反思、幻想、设想(思考活动动词)/希望、盼望、期望、期待、盼、指望、向往/恨、怪、喜欢、喜爱、嫌、厌恶、讨厌/爱、恋爱、热恋、热爱、留恋/挂念、怀念、思念、想念/操心、担心、担忧、关心、放心、关怀、留神、留心、当心、小心/怀疑、妒忌、嫉妒/愁、发愁、烦、烦恼/后悔、害羞、羡慕、感动、伤心、心疼、灰心、怕、害怕/以为、认为、觉得(心理活动动词)

3)紙面の関係で文献の内容提示を省略する。詳しくは陸倹明(1999)〈着(zhe)字补议〉p331-332 を参照されたい。

4)【持続】ある状態が保たれていること。また、保つこと。中断することなくつづくこと(1061 頁)。【継続】前からの状態がつづくこと。また、続けること(753 頁)。【続ける】①同じ状態や行為がとぎれないようにする。(〜略〜)④途中でとぎれたことをまたする(1610 頁)。(松村明編『大辞林』三省堂 1998 による)

5)戴耀晶(1997)《现代汉语时体系统研究》p84-85 参照。

6)VtRとは結果補語を伴う他動構造のことである。

7)この四点について、村松(1988)は、「木村(1981・1986)は"着"の統語的機能を"着ₚ"と"着𝒹"の二つに分けているが、その論拠は、はなはだ弱いと言わざるを得ない」と、木村の考え方に反論している。

8)木村(1986)では"着ₚ"を"着ₐ"、"着𝒹"を"着ᵦ"に言い換えている。

9)"着₁"は、木村(1981・1983)の"着ₚ"で、"着₂"は"着𝒹"である。

例文の出典

例文は、基本的に中国人作家が書いた小説から取ったもので、個々の例文の後ろにその出所が書いてある。また、例文の後ろに出典が書いてないのは、必要に応じて筆者の語感で作ったものである。作品リストは次の通りである。

《末代皇帝》　　　(1990)　　王树元《中文新文艺大系 电视集(1976-1982)》

《司机王宝》　　　(1990)　　陈爱民《中文新文艺大系 电视集(1976-1982)》

《杨老师》　　　　(1990)　　黄新心《中文新文艺大系 电视集(1976-1982)》

《小不点儿》　　　(1990)　　奚里德 龚玉兰《中文新文艺大系 电视集(1976-1982)》

《司机王宝》　　　(1990)　　　陈爱民《中文新文艺大系 电视集(1976-1982)》

《小镇上的将军》(1986)　　陈世旭《中文新文艺大系 短篇小说集(1976-1982)》

《李顺大造屋》　　(1986)　　高新心《中文新文艺大系 短篇小说集 (1976-1982)》

《被爱情遗忘的角落》(1986)　张　弦《中文新文艺大系 短篇小说集 (1976-1982)》

《卖瓜的不说瓜甜》(1990) 陆关青 史久峰《中文新文艺大系 电视集(1976-1982)》

中国語の"V着"に関する研究

(以上は中国文联出版公司によって出版された作品である。)

《骆驼祥子》　(1986)　老　舍　《老舍文集》人民文学出版社

《红岩》　　　(1963)　罗广斌 杨益言 中国青年出版社

《家》　　　　(1958)　巴　金《巴金文集》人民文学出版社

《牵手》　　　(1999) 王海鸥　(インターネット図書<www.shuku.net>による)

《突出重围》　(1999) 漏斗子　(インターネット図書<www.shuku.net>による)

《四世同堂》　　　老舍　　(インターネット図書<www.shuku.net>による)

《上海的早晨》　　周而复　(インターネット図書<www.shuku.net>による)

《白桦文选》　　　白桦　　(インターネット図書<www.shuku.net>による)

《中国五十年儿童文学名家作品选》(インターネット図書<www.shuku.net>による)

《54短篇小说选》　朱自清ら(大阪外国語大学中国語学研究室データベースによる)

《三里弯》　　　　赵树里　(インターネット図書<www.shuku.net>による)

《一路狂奔》　　　漆园子　(インターネット図書<www.shuku.net>による)

《老友的女友》　　亦舒　　(インターネット図書<www.shuku.net>による)

《敌后武工队》　　冯志　　(インターネット図書<黄金书屋>による)

《金光大道》　(1970) 浩然　　(北京人民出版社、《中日对译语料库 第1版》2003)

参考文献

吕 叔湘　(1942)《中国文法要略》(商务印书馆 1982 再版)

吕 叔湘　(1984)《汉语语法论文集》(增订本)(商务印书馆出版)p176-199

王 力　　(1944)《中国现代语法》(中华书局出版)

陈 刚 (1980) 试论"着"的用法及其与英语进行式的比较(《中国语文》1)p21-27

刘 月华　(1983)《实用现代汉语语法》(外语教学与研究出版社)

陆俭明 马真(1985)《现代汉语虚词散论》(北京大学出版社)p200-211

陆 俭 明　(1998) 关于北京话里的"着(zhe)"(『国際言語科学研究所所報』京都産
　　業大学)

陆 俭 明　(1999)"着(zhe)"字补义(《中国语文 5》p331-336)

王 还　　(1985)"把"字句中的"把"的宾语(《中国语文》1)p48-51

薛 凤生 (1987) 试论"把"字句的语义特征(《语言教学与研究》1)p4-22

陈 平 (1988) 论现代汉语时间系统的三元结构(《中国语文》总207)p401-422

龚 千炎 (1991) 谈现代汉语的时制表示和时态表达系统(《中国语文》总
223)p251-261

戴 耀晶 (1991) 现代汉语表示持续体的"着"的语义分析(《语言教学与研究》2)
p92-106)

戴 耀晶 (1997)《现代汉语时体系统研究》(浙江教育出版社)

张 旺熹 (1991) "把字结构"的语义及其语用分析(《语言教学与研究》3)p88-103

费 春元 (1992) 说"着"(《语文研究》总43)

马 庆株 (1992)《汉语动词和动词性结构》(北京語言文化大学出版社)p1-44

徐 丹 (1992) 汉语里的"在"与"着(著)"(《中国语文》总231)p453-461

郭 锐 (1993) 汉语动词的过程结构(《中国语文》总237)p410-419

郭 锐 (1997) "过程和非过程—汉语谓词性成分的两种外在时间类型"(《中国
语文》3)p162-175

袁 毓林 (1993)《现代汉语祈使句研究》(北京大学出版社)

黄 南松(1994) 试论短语自主成句所应具备的若干语法范畴(《中国语文》6)p441-446

孔 令达 (1994) 影响汉语句子自足的语言形式(《中国语文》6)p434-440

杨 华 (1994) 试论心理状态动词及其宾语的类型(《汉语学习》3)

朱 德熙 (1995)『文法講義』(杉村博文・木村英樹訳 白帝社)

沈 家煊 (1995) "有界"与"无界"(《中国语文》总248)p367-380

胡裕树ら (1995)《动词研究》(河南人民出版社)

黄 月园 (1996) 把/被结构与动词重复结构的互补分布现象(《中国语文》2)p92-99

施 其生 (1996)《方言论搞》(广东人民出版社)

张 黎 (1996) "着"的语义分布及其语法意义(《语文研究1》1)p6-12

张 黎 (1997) "谓了C"和"谓C了"(『中国語学244』)

孙 朝奋 (1997) 再论助词"着"的用法及其来源(《中国语文》总257)

史金生 胡晓萍(1998) 动词带"着"的"把"字结构(《语言教学与研究》4)p38-49

三尾 砂 (1948)『国語法文章論』(三省堂)

中国語の "V着" に関する研究

奥田靖雄(1977) アスペクトの研究をめぐって－金田一的段階－(宮城教育大学『国語国文』8)

奥田靖雄 (1978) アスペクトの研究をめぐって(『教育国語』53，54、むぎ書房)

奥田靖雄 (1985)『ことばの研究・序説』(むぎ書房)

奥田靖雄 (1988) 時間の表現(『教育国語』94，95、むぎ書房)

奥田靖雄 (1993) 動詞の終止形その(1)(2)(3)『教育国語』2，9/12/13

鈴木重幸 (1989) 現代の日本語動詞のテンス(『言語の研究』むぎ書房)

鈴木重幸 (1996)『形態論・序説』(むぎ書房)

高橋太郎 (1985)『現代日本語動詞のアスペクトとテンス』(秀英出版)

高橋太郎 (1994)『動詞の研究』(むぎ書房)

工藤真由美(1987) 現代日本語のアスペクトについて(『教育国語』91、むぎ書房)

工藤真由美(1995)『アスペクト・テンス体系とテクスト』(ひつじ書房)

村上三寿 (1993)「命令文－しろ、しなさい－」(『ことばの科学6』むぎ書房)

平山久雄 (1959) 北京語の「着」とその接尾する動詞について(『中国語学88』)

木村英樹 (1981)「付着」の "着／zhe" と「消失」の "了／le"(『中国語258』)

木村英樹 (1983) 关于补语性词尾 "着" 和 "了"(《语文研究》)

木村英樹 (1986) "着" と "在" の否定(『中国語323』)

荒川清秀 (1985) "着" と動詞の類(『中国語306』)p30-33

C.E.ヤーホントフ(1987)『中国語動詞の研究』(橋本萬太郎訳　白帝社)

村松恵子 (1988) "着" の文法的な意味(『中国語学235』)

任田義雄 (1997)『日本語文法研究序説』(くろしお出版)

朱 継征 (1998) 中国語の進行相について(『中国語学245』)

讃井唯充 (2000) "在等" "等着" "在等着" － "在" と "着" の文法的な意味と語用論(『人文学報』東京都立大学人文学部　第311号)

王 学群 (1998) アスペクトと動詞の分類(『語学教育研究論叢15』大東文化大学語学教育研究所 p45-64)

王 学群 (1998) 中国語の "V着" について(『千葉商科大学紀要36-1』p47-65)、改訂版『日中言語対照研究論集』(創刊号、日中対照言語学会編、白帝社、1999)、

"Ⅴ着" 再考

　再改訂版『現代中国語研究論集』(現代中国語研究会編、中国書店、1999p207-226)

王　学群　　(1999) "Ⅴ着" のかたちの命令文について(『千葉商科大学紀要 37-2』
　p51-69)、改訂版『日中言語対照研究論集 2』(日中対照言語学会編、白帝社、2000)

王　学群　　(2000a) 中国語の "Ⅴ着(ZHE)" についての一考察　(『中国語論集』
　白帝社)

王　学群　　(2000b) 中国語の "有着" について(『漢語教学研究 3』在日華人漢語
　協会)

王　学群　　(2000c) "把…着" の構造について(『千葉商科大学紀要 38-2』)p325-398

王　学群　　(2001) 地の文における "Ⅴ着" のふるまいについて(『日中言語対照
　研究論集 3』日中対照言語学会編、白帝社)

［付記］

　本章は、『日本語と中国語のアスペクト』(日中対照言語学会編、白帝社、2002)に掲
載された論文(「"Ⅴ着" 再考」)をもとに加筆・修正したものです。

243

索引 (日本語・五十音順)

あ

アスペクト 8, 45, 63, 72, 171, 206, 220

い

意志動詞 167

依存度 120

一人称 166

位置変化 13, 20

意図 127

移動動詞 108

移動の様相 18, 124

意味合い 117

意味移行 57, 59, 63

意味(的な)関係 130, 191

意味特徴 15, 21, 48, 91, 124, 135, 147, 162, 207

意味用法 97

因果関係 128

う

うけ手 146

運動 223

運動動詞 11, 25

か

介詞 114

外部規定 58, 72, 85, 89

解放 175

会話場面 163

会話部分 47

会話文 45, 70, 87, 161, 183

外力 106

書き手 45, 117, 127, 233

語り手 45, 48, 56, 60

カテゴリカルな意味 8, 21, 25, 26, 207, 220, 238

可能性 120

観察者 59

勧奨 173

感情の表出　39, 40
完成相　220
完整体　10, 220
感嘆文　160
勧誘　160
関連性　220

き

聞き手　170
基準時　80
擬人的な手法　52
機能　121, 154
機能的な側面　45
基本的な意味　171, 220
疑問文　86, 160
客体　13, 124, 223, 238
共起　206, 229
共起構造　225
局面　10, 221
禁止　160, 173
均質　85

け

警告　175
継続　4, 57, 87, 221
継続相　8, 22, 220
継続性　10, 25, 169

継続中　21, 41, 79, 121, 221, 236
形態　8, 72, 116
携帯動詞　103
形態論　90
結果　118, 130
結果状態　211
結果の継続　10, 15, 17, 22, 25,
　48, 74, 106, 150, 221, 233
結果の持続　4
結果補語　224
結合度　12, 231
原因　129, 133
言語環境　134, 198
言語・視聴覚活動動詞　103
兼語文　146
現象的動作　16, 19
限定語　141, 142, 143, 145, 155
限定づけ　154

こ

語彙的(な)意味　8, 11, 26, 41,
　123, 220, 227, 237
語彙的なレベル　206
後項部分　98
構造　114, 127
構造的な制限　189
行動の特徴づけ　63
構文形態　76, 135

245

構文的な特徴　42, 162
構文的なレベル　206
構文論　90
語気　184
語用論　128, 172
懇願　174
混合型　171
コンテクスト　24, 207, 136

さ

再帰的　124
再帰動詞　143
三人称　42, 166

し

思惟活動　38
使役文　146
視覚動詞　126
時間構造　9，72
時間副詞　78
時間名詞　145
事件時　80
思考活動動詞　33, 38
思考・心理活動動詞　11, 31
思考内容　34
自主动词　167
姿勢　55

姿勢変化　20, 21, 75, 108, 236
姿勢動詞　100, 102
自然現象　51
実線的　223
質的な側面　191
仕手　143
自動詞　155
地の文　45, 47, 56, 59, 63
事物　146
修飾語　49
主語　116, 162, 195
主体　99, 101, 222
主体動作　167
主体動作・客体変化動詞　13, 106
主体動作動詞　17, 105
主体の動作　15
手段　5, 120
述語成分　228
守備範囲　62, 89
主要な状態　101
主要な動作　100
瞬間的な付着　26
状況描写　48, 54, 56, 58, 62, 79
状態　123
状態性　23, 61, 81
状態存在文　147
状態づけ　192

246

状態動詞　21, 82, 83, 84, 205

状態と状態との複合　100

状態と動作との複合　100

状態(の)維持　4, 106, 149

状態の継続　37

状態の持続　12

叙述　86

処置　117, 127

所有　190

進行　12, 86

進行性　75

深層の意味　129

心的な活動　32

心的な状態　32

心的な態度　32

心理活動動詞　35, 39

心理変化　32

せ

性格づけ　192

成句　115

成句問題　118, 135

生産動詞　208

性質づけ　193

静態　61, 81, 102

静態存在文　203

静態動詞　12, 231

静的な場合　48, 53, 58, 63

成分の添加　211

接触動詞　104

説明　86

前現在　86

前項部分　98

前置詞　105

そ

総合的な条件　239

属性　150

属性動詞　11, 52, 180

存現文　149

存在　190

存在づけ　193, 196

存在の様態　15

存在場所　142

存在物　142, 209

存在文　142, 203, 206

た

待遇表現　164

態度　175

態度の表明　40

対比的　163

対比関係　163

対立関係　42

他動詞　156

他動性　155, 156

単音節　168

単純状態の存続　4

断続的　33, 223

断定　86

段落　52,　27

ち

抽象的な動作　83

抽象名詞　186, 187

て

定義づけ　194

出来事　47, 56

テキスト　45

テンス　9

点線的　223

と

同一づけ　192

等価　204

等価現象　212

道具　127

動作主　165

動作性　76

動作づけ　191

動作動詞　11, 13, 31, 48, 106,

124, 232

動作と状態との複合　101

動作と動作の複合　99

動作の継続　10, 14, 17, 25, 48,

　106, 132, 167, 227

動作の叙述　60

動詞　114, 115, 122, 167, 181

動詞の性格　224, 228

動詞の類　101, 115, 136, 204,

　207

登場人物　45

動態　60, 81, 88, 102, 123, 143

動態存在文　203

動態動詞　12, 231

動的な場合　48, 58, 63

特性づけ　153, 156, 193

特徴　50, 54

特徴づけ　50, 153, 156, 193

取りつけ　124

取り外し　124

な

内部規定　59, 72, 89, 90

内部構造　122

内部時間構造　58

慰め　174

に

二重目的語　117
二側面動詞　20, 23, 25, 74, 232, 234
二人称　165
人称の制限　163

の

能願動詞　11

は

排他的　154
"把"構造　115
場所　144
派生的(用法)　79, 182
発話時　74, 78
話し手　170, 233
場面　24, 50, 85, 115, 238
場面解説　47
場面構造　164, 169
場面状況　47, 162
場面作り　52

ひ

非完整体　8, 10
非均質　60, 85
被修飾　133

ひ（右欄上部）

否定　130, 176
描写　197
描写性　46
表出　39
表情　55
表情動詞　100, 102
表明　39

ふ

付加成分　121
複合条件　207, 213
複合的な関係　99
複合的なもの　98
副次的な動作　96, 99, 101
服装変化　20
含み　172
付随的な状態　97, 101
付帯状況　5, 45, 77, 97, 101, 107, 109, 121
付着　124, 167, 209
普通名詞　145
分割　221
文構造　15, 24, 50, 114, 206
文法的な意味　45, 123
文法的な特徴　123
文脈　74, 115, 133, 134

249

へ

平叙文　160
変化動詞　11, 19, 24, 31, 52, 75,
　232

ほ

方式　5, 97, 107
報道的　197
冒頭　52
方法　5
骨組み成分　120

む

無意志変化　19
無標　181, 185

め

名詞述語文　192
命令　160, 170
命令文　4, 121, 160, 163

も

モーダルな意味　38, 45, 75, 86
目的　128
目的語　117, 186, 197, 229

模様替え　13, 124

や

役割分担　88

ゆ

有標　181, 185

よ

要因　238
要求　170

り

離合動詞　23
留存　205
量づけ　193
領有関係　13

れ

連語的　143
連鎖的　57, 63
連続的　33, 106, 110, 223
連体修飾語　189, 197
連体修飾用法　80
連動式　97
連動文　97

あとがき

　本論文集に収めたものは、筆者が 1997 年以後に書いたものである。研究の幅を現代日本語研究から現代中国語研究へ広めた最初の試作です。

　実は大分前から現代中国語の"Ｖ着"と現代日本語の「Ｖている」に関する意味用法上の相違に関心を持ち、1992 年に日中比較対照の観点から「中国語の"Ｖ着"とそれに対応する日本語の表現」(『香川大学一般研究 42』)という論文を書きました。

　そして、博士後期課程修了後、それに関する研究を本格的に始めるために、資料を集め、日中対照研究をし始めましたが、しかしこの段階において、もう躓いてしまって、なかなか思うようにいかなかったのです。それで、まず一言語レベルでの研究を着実にしておかなければならないということに気づき、日本語との比較対照をしばらく諦め、中国語非常勤講師の仕事をしながら、現代中国語の"Ｖ着"の意味用法に関する調査をし始めたわけです。1997 年から数えて九年目に入っておりますが、ようやく一冊の"小冊子"になり、世に問うことができました。

　本論文集に収めた論文を発表する際、または雑誌に投稿する際、高橋弥守彦先生・荒川清秀先生・佐藤富士雄先生・横川伸先生・劉勲寧先生・王亜新先生など、多くの方々から貴重なご指摘をいただき、ここに心からお礼を申し上げます。

　また、今回論文集にまとめる段階において、綾部武彦先生に日本語のチェックをしていただきました。ここに感謝を申し上げます。

　最後に本論文集の出版にあたり、白帝社社長佐藤康夫氏より多大なご支援をいただき、編集などの面では岸本詩子氏に大変お世話になりました。心から感謝の意を表します。

2007 年 4 月 18 日

著者

A Study of "V–*zhe*" in Chinese
WANG Xuequn

Foreword i

Notes on Orthography 3

1. An Outline of Meaning and Usage in "V–*zhe*" 4

2. A Fundamental Meaning of "V–*zhe*" and
   Classification of Verbs 7

3. "V–*zhe*" and Verbs of Thinking and
   Psychological Activity 30

4. On the Condition of "V–*zhe*" in the Narrative Sections
   in Novels 44

5. On the Condition of "V–*zhe*" and "*zai* (···)V"
   in the Conversation Sections in Novels 69

6. On the Attendant Circumstances of "V-*zhe*" 95

7. On the Structure of "*ba*···V–*zhe*" 113

8. Concerning the Determinative Use of "V–*zhe*" 140

9. On the Imperative Sentences of "V–*zhe*" 159

10. A Study of "*youzhe*" 179

11. On "V–*zhe*" and "V–*le*" of Existential Sentences 202

12. A Reconsideration of "V–*zhe*" 219

    Index 244

    Postscript 251

著者紹介

王　学群（オウ　ガクグン）

　　中国河北省唐山市出身。福島大学大学院教育学研究科修士課程修了、教育学修士。大東文化大学大学院文学研究科博士後期課程修了、博士（文学）。筑波大学准教授。著書『現代日本語における否定文の研究―中国語との対照比較を視野に入れて―』（2003、日本僑報社）など。論文〈対"了"的一点私见〉（《汉语时体系统国际研讨会论文集》252～271頁、2004、百家出版社）など日本語学、中国語学、日中対照研究に関する論文多数。

　　E-mail: wgqntuba@sakura.cc.tsukuba.ac.jp

中国語の "V着" に関する研究

2007 年 5 月 25 日　初版発行

著　者　王　学群
発行者　佐藤康夫
発行所　白　帝　社
　　　　〒 171-0014　東京都豊島区池袋 2-65-1
　　　　電話　03-3986-3271
　　　　FAX　03-3986-3272（営）/ 03-3986-8892（編）
　　　　http://www.hakuteisha.co.jp/
印刷・製本　大倉印刷（株）

Printed in Japan〈検印省略〉6914　　　　ISBN978-4-89174-874-6
＊定価はカバーに表示してあります